21st Century
Liberal Arts

01

PHILOSOPHY

ビジネスエリートのための!リベラルアーツ

哲学

小川仁志
Ogawa Hitoshi

すばる舎

リベラルアーツとしての哲学

新しい世界で生き抜くために

今、私たちはどんな時代を生きているのだろうか。そんな問いを投げかけなければいけないほど、変化が速いということだ。

今世紀に入って、テロとの戦いやグローバリズムが急速に進み、従来の政治・経済の体制が揺らぎ始めている。インターネット上の情報は秒速よりも速く更新され、ＡＩ（人工知能）は指数関数的に進化している。これらのせいで、先の読めない不確かさが蔓延しているのだ。

いわゆるＶＵＣＡ時代、Volatility（変動性）、Uncertainty（不確実性）、Complexity（複雑性）、Ambiguity（曖昧性）、と言われることもあるように、複雑で予測困難、何が起きるかわからないのが、これから私たちが生きていく世界だ。そんな時代を生き抜くためには、これまでとは違う能力が求められる。

とりわけ、時代を切り拓こうとするビジネスパーソンにとって、そうした能力を身につけることは喫緊の課題であるといっていいだろう。具体的には、

- 混沌《こんとん》とした事態を**分析する力**
- 正解がない中で**決断する力**
- 難問を**解決する力**
- 新しい価値を**生み出す力**

などが挙げられる。これらの力を鍛えるためには、まず確かな知識を身につける必要がある。そのうえで、その知識を自由自在に活用し、自分自身で思考することが求められるのだ。

一言でいうと、今私たちに求められているのは、そんな確かな知識をベースにした強靭な思考力にほかならない。本書では、その思考力を「教養＝リベラルアーツ」と位置づけている。

現代の教養「リベラルアーツ」

教養はリベラルアーツと称されることもある。狭義のリベラルアーツは、古代ギリシア以来ヨーロッパに伝統を持つ人が身につけるべき技芸のことをいうわけであるが、広義ではエリートが身につけるべき基礎知識や基礎的能力を総称する語として用いられているといっていいだろう。

本書のタイトル『ビジネスエリートのための！リベラルアーツ　哲学』における「リベラルアーツ」は、後者の意味で使っている。これからの世界を生き抜くビジネスパーソンに必須の武器として「教養＝リベラルアーツ」を、さらにはその一つとして哲学を位置づけているわけである。

では、なぜ現代のビジネスパーソンにリベラルアーツが求められるのか？

答えは簡単である。冒頭でも述べたように、複雑で変化の速い環境において、新しい価値を作り出し、リーダーシップを発揮していくためには、これまでとは異なる知識や能力が求められるからだ。

それは表層的な知識やちょっとした計算能力のことではない。従来、優秀なビジネスパーソンに必要とされてきた、英語やＩＴ、会計の知識などは、やがてＡＩに取って代わられる可能性が高いと言える。

また、ＭＢＡ等で学ぶフレームワークやロジカルシンキング、戦略やマーケティングの手法は、効率よく業務をこなすためには確かに役立つツールだが、そこから大胆な発想やイノベーションはなかなか生まれてこない。

そんなとき威力を発揮するのが、先ほど言及したような、確かな知識とそれをベースにした強靭な思考力なのだ。

ちなみに教養とは、決して知識を丸暗記していることではない。難解なラテン語の詩の一節を口ずさめるとか、中世のマニアックな楽曲を知っているとか、そういうことでもない。

教養とは、何らかの物や事柄について考えるための基礎となる知識や思考の型のことだ。多様な文化や歴史を知り、世界について考えるための力であり、5年、10年先まで見渡すことのできる思考のベースとなるものを指す。

これこそ、私が「教養＝リベラルアーツ」と呼ぶものであり、これからのビジネスパーソンに必須のリテラシーであるといってよい。

自由に生きるための技術

教養というと、大学の「一般教養」が真っ先に思い浮かぶ人も多いだろう。単位取得のためにテスト前に仕方なく学ぶもの、自分の専攻や将来の仕事には直接的に役立たないが、とりあえず広く浅く知っておくべきもの、くらいに思っているかもしれない。

ところが、この「教養」の本来の意味はまったく違う。「教養＝リベラルアーツ」とは、古代ギリシアやローマ時代において、**奴隷としてでなく、自由に生きる者に必要とされた技術・技芸**のことを指す言葉であり、具体的には、文法、修辞、弁証、算術、幾何、天文、音楽の「自由七科」を指していた。

その後、中世ヨーロッパの大学制度に受け継がれ、神学や哲学なども加わり、さらには近現代において、エリートが身につけるべき、人文科学、社会科学、自然科学の多様な学問の基礎にあたるものがそう呼ばれている。

特に欧米では、大学の4年間をかけて、このリベラルアーツをみっちり学ぶ人も多い。アメリカにはこれらを学ぶことが目的のリベラルアーツ・カレッジも数多くあるほどだ。

したがって、法律、経済、会計、経営等、実社会で必要な専門分野は、その後の大学院で学ぶのである。

このため、グローバルなビジネス環境ともなれば、彼らの振ってくる話題は幅広く、かつ考えさせられるものとなる。「日本の働き方について教えてほしい」「夫婦別姓に賛成？反対？」「捕鯨についてどう思うか」など、とっさには答えられない仕事以外の質問が容赦なく飛んでくる。もちろん、これらの問いに絶対的な正解はない。要はあなたがどんな価値観を持つ人物なのか知りたくて相手は質問するのだが、ここでそれまでに培った「教養」が効いてくるというわけだ。

しどろもどろの答えでお茶を濁すのか、自分なりの考えを堂々と述べることができるのかで、その後の関係性は大いに変わる。幅広い知識や多様な価値観に慣れ親しむことが、より多くの人とつながり、新しいものを生み出す力にもなるのだ。

これは私の経験からもいえることである。私は商社マンとして社会人のキャリアをスタートし、グローバルビジネスの最前線に放り込まれた。しかし、当時の私にはこの意味での教養が欠けていた。だから思考力も足りず、多くの失敗を重ねることとなったのである。

その後哲学を学んだことで、足りなかった教養を身につけ、今ではグローバル人材を育成する大学の学部で教鞭を執るに至っている。

あらゆる学問の基礎としての哲学

そう、私の場合、哲学が教養を身につけるきっかけとなった。教養やリベラルアーツは、哲学のみによって身につくものではないが、私は哲学こそが最も基礎になるものであると考えている。

そもそもリベラルアーツにおいては、古典を学ぶことが重視される。これは時間がたっても決して劣化しない知を身につけるためである。古典は長い時間をかけて吟味された結果生き残ったという点で、普遍的な内容を持ち備えている。

その意味で、哲学もまた古典同様長い時間の中で吟味され、それでも生き残ってきた知だといえるわけである。それに、古代ギリシアの哲学者アリストテレスが示したように、哲学はもともとあらゆる学問の母であった。したがって、今こそ哲学を学び直すことで、教養の基礎固めをすることができる。

ここで哲学とは何なのか、あらかじめ簡単に紹介しておきたいと思う。一言でいうと、哲学とは物事の本質を探究する営みである。つまり、**自分を取り囲むこの世界を、言葉によって理解し、意味づけるための道具**だといってよい。とりもなおさずそれは、概念の創造であり、ひいては世界そのものを創造することでもある。それを思考という動作を徹底的に繰り返すことで成し遂げるのである。

ただ、それをやるためには、最低限の知識が必要になる。本書ではそうした最低限の知識の紹介から、強靱な思考の方法まで、すべてを1冊にまとめている。本書の構成と使い方について簡単に述べておこう。

本書の内容

まず構成は以下の通りとなっている。

Chapter 1　哲学とは何か？

ここでは、哲学とは何かという点について、様々な角度から説明を試みる。この問いは、最も重要なものであるにもかかわらず、実は答えるのが最も難しいものでもある。

Chapter 2　速習！基本の概念

ここでは、哲学的思考を行ううえでツールとして使える必須の30概念を紹介する。

Chapter 3　21世紀の問題に対峙するための哲学

ここでは、21世紀の新しい問題に対峙する現代の哲学を紹介しながら、私なりの解を模索する。

Chapter 4　もっと「哲学する」ための実践ガイド

ここでは、実際に哲学をするための具体的なノウハウについて紹介する。

常々私は、哲学を思考の探検になぞらえている。それは道なき道を行き、宝を探し当てる旅に似ているからだ。その意味で、本書の使い方としては、思考の探検のハンドブック、あるいはサバイバルマニュアルとして常に携帯し、思考が必要になるごとに参照していただけると幸いである。

ビジネスエリートのための!
リベラルアーツ

哲学

CONTENTS

Prologue

リベラルアーツとしての哲学

Chapter 1

哲学とは何か？

世界の見方がみるみる変わる

Chapter

2

速習！ 基本の概念

哲学者30人のマストアイテム

Chapter 3

21世紀の問題に対峙する

AI、バイオ、テロ……etc.

Chapter

4

もっと「哲学する」ための実践ガイド

「学ぶ」から「使う」へ

哲学とは何か?
世界の見方がみるみる変わる

Chapter

1

哲学とは何か？

物事の正体を暴く営み

哲学の定義ほど難しいものはない。はっきりいって定まった定義はないといっても過言ではないだろう。ただ、哲学が徹底的に思考することであること、言葉を使って行うものであることは間違いない。そしてその目的が、物事の本質の探究にあることもおそらく万人の理解を得られることと思われる。つまり、哲学とは徹底的に考えることで、言葉によって物事の本質を探究する営みだといってよい。

たとえば、目の前にコップがある。このとき、このコップをどう使うか考えるのは哲学ではない。そうではなくて、コップの本質を問うのが哲学なのだ。そのためには、**「コップとは何か？」**という問いを投げかけなければならない。そうしてはじめて、コップがいったい何者で、この世界においてどのような意味を持っているのかがわかるのである。いわば、コップの正体が明らかになるということだ。
そう、このように正体を暴くことこそが本質の探究だと思ってもらえばいいだろう。正体というのは、普段は隠れていて見えない。物事の本質もそうだ。だから探究する必要がある。

本質ってどういうこと?

ここで本質という言葉について少し補足しておきたい。本質を探究するのが哲学の目的だといっても、そもそもその本質という言葉自体が何を意味しているのかよくわからないからだ。

詳しくいうと、本質というのはその物事のすべてだということができる。コップの本質はコップのすべての側面なのだ。横から見ると長方形に見える、上から見ると丸い、中が空洞、片手で持てる等。こうした描写は理論上、いくらでもできる。

したがって、コップのすべてを表現しようと思ったら、永遠に言葉を尽くさないといけなくなる。それだと逆によくわからないので、**コップのそのすべての側面を一言でいい表したもの**を、コップの本質と呼んでいるわけだ。

コップのすべての側面を一言でいい表すと、水分（液体）の移動手段となろうか。どんな形をしていようが、これがコップの本質であり、同時に正体なのだ。私たちは普段、コップは水を飲むための容器だと思っている。でも、植木鉢に水をやるときに使ったりもする。だから水を飲むための容器では、すべてをいい表していないのだ。そこで、もっと広く水分の移動手段と考えてみると、すべてに当てはまるはずである。

しかもこの答えは、普段私たちが気づいていないのだから、その意味で隠れているわけである。それを探究するのが哲学というわけだ。

新しい意味や考えを作り出す

ところで、この答えが出たのは、「コップとは何か？」という問いを投げかけて、思考したからである。この部分もとても重要だといえる。哲学は隠れた本質を暴く作業なので、問いかけないといけない。しかも「〇〇とは何か？」と問いかけるのだ。

「コップはどう使うのか？」とか、「コップはどんな形か？」という問いでは、本質は探究できない。本質を問うための問いは常に「〇〇とは何か？」という、その対象物の意味をストレートに尋ねる形でなければならないのだ。

このストレートな問いが、私たちの思い込みや常識を突き崩し、隠れている本質探究の扉を開くわけである。こんな森の中に財宝があるわけないと思い込んでいては、財宝は見つからないのと同じで、もしかしたら自分は間違っているかもしれないと、疑いを持つところから探検は始まるのである。

今、探検という言葉を使ったが、私は哲学を**思考の探検みたいなものだ**と思っている。森をかきわけ、険しい道を行き、洞窟の中を突き進むことでようやく財宝が得られるように、ああでもないこうでもないと思考をめぐらせることでようやく、物事の本質を知ることができるのである。具体的なやり方は最終章で詳しく述べる予定である。

ここではその思考の探検がもたらす結果についてだけ、もう少しお話ししておきたい。それは概念の創造ということである。思考の探検では金貨や銀貨のような財宝は得られない。その代わり、物事の意味が明らかになる。でも、この場合、自分が考えて意味を見出し、それを言葉で表現するわけだから、自分で物事の意味を作っていることにもなる。

さっきのコップの本質もそうだ。「コップとは水分の移動手段である」などという答えを聞いたことがあるだろうか？　おそらくないと思う。なぜなら、これは私が思考の末にたどり着いた答えだからだ。つまり、今私が作り出した答えなのだ。

世界の意味やルールが変わる

これが概念の創造の意味するところである。フランスの哲学者ジル・ドゥルーズが、まさにこういっている。哲学とは概念の創造であると。だから思考の探検は、すでにあるものを探すのではなく、自分自身が新しいものを作り出す営みだと思ってもらったほうがいい。

それは物事に新しい意味を与える行為だといってもいいだろう。世界に新たな意味を持たせる、世界の有意味化だ。哲学にはそんなすごい力と使命があるのだ。私たちは哲学をすることによって、その都度物事の新たな意味を生み出していることになる。

そしてあらゆるものの意味を書き換えたとき、世界全体の意味が変わることもありうる。歴史上の哲学者には、そのことに成功した人たちもいる。たとえば、社会契約説を唱えてフランス革命につなげたルソー、社会主義を唱えて世界の半分を社会主義国にしたマルクスらがその例だ。哲学にはそんなポテンシャルもある。

だから私は、哲学によって世の中のルールややり方をがらっと変えることも可能だと思っている。それは**自分自身がゲームチェンジャーになる**ことを意味する。

もしそんなことに成功したなら、世界があっと驚くようなビジネスを作り出せるかもしれない。スティーブ・ジョブズやビル・ゲイツのように。

もちろん、そこまで大げさに考えなくてもいい。日々の業務に追われながらも、誰もが夢中になる商品やサービス、そして多くの人が抱える悩みを解決するようなすごい仕組みを生み出せすことだってできるはずだ。さあ、どうだろうか、そろそろ哲学に興味が出てきたのではないだろうか？

単なる思考と哲学の違い

情報の整理だけでは物足りない

ここで、思考することと哲学をすることの違いについて考えてみたい。思考するとは、対象についての情報を整理し、自分なりの視点でそれを再構成する営みにほかならない。

先ほどのコップとは対象を変えて、今度は「トイレとは何か？」と問われたとしよう。そうすると、私たちはまずトイレの使われ方や、トイレを構成するものなど、頭の中でトイレを想像して、情報の整理をするに違いない。そのうえで、トイレってこういうものかなという答えを出す。それで、「トイレは排泄をするための便器がある場所です」などと答えることになる。

しかし、なんとなく浅い感じがしないだろうか？　これは思考をしただけだからだ。思考というのはピンキリで、浅いものだと第一印象で答えを出すということもありうる。ここが哲学との違いだ。

前に**哲学は徹底的に思考することだ**と書いた。何度も繰り返すことで、ようやく思考は深まる。トイレで排泄をしている様子を思い浮かべて、便器があるなと思っただけで答えを出すようなことはない。そこからさらに問いを投げかけるのだ。「排泄をするだけだろうか？」とか、「便器のほかにもないか？」といったように。

いや、それだけでもまだ足りないだろう。「なぜ排泄するのか？」「なぜ便器を使うのか？」といった問いも吟味する必要がある。いわば思いつくだけの問いを投げかけるのだ。そうして問いを徹底的に繰り返してはじめて、答えを得ることができる。

このプロセスが哲学にほかならない。単なる思考と哲学の違いはこの点にあるといってよい。おそらくそうした問いを繰り返せば、トイレはもっと違う形で見えてくる。

深く、しつこく、考える

ちなみに、かつて私がトイレについて哲学したときの答えはこんな感じだ。「生命が入れ替わる機会」。ここではこの答えの中身には立ち入らないが、少なくともさっきよりは深くなったと感じていただけるのではないだろうか。

それでもまだ、なんだたったそれだけの違いかと思われたかもしれない。しかし、この違いははてしなく大きいことに気づいていただきたい。

そもそも一つの物事を考えるのに、そんなにいくつもの問いを投げかけることがあるだろうか？　おそらくないと思う。なぜなら、そこまでやらなくても一応の答えは出るし、何よりそこまで考えている時間がないからだ。忙しいのに、そんな暇人のようなことはやってられない、というのが本音だろう。

それはよくわかる。徹底的に考えるのは時間もエネルギーもいる。だが、そうして得られた答えは物事の本質なのだから、強靭さが異なる。間に合わせの答えは一面的なので、やはりそれなりの威力しかない。薄っぺらいのだ。

もし仮にあなたがトイレにかかわる仕事をしていたとしよう。そのとき、トイレを単なる排泄の場所ととらえるのと、生命が入れ替わる機会ととらえるのとでは、ビジネスの幅も変わってくるのではないだろうか。私がいいたいのはそういうことである。だから哲学をする必要があるのだ。

哲学は「やってみる」からこそ面白い

そんなふうにいうと、すぐに哲学を学ぼうとする人がいる。これは知っておいたほうが得だということで。学ぶことは正しいし、それが第一歩であることは間違いないが、それだけではダメだという点に注意してほしい。なぜなら、**「哲学を学ぶ」ということと、「哲学をする」ということは異なる**からだ。

一言でいうなら、哲学を学ぶというのは、単なる知識と歴史の見物にすぎないのだ。これに対して、哲学は思考の探検であった。見物と探検が異なるのは、すぐにわかっていただけるだろう。ただ、見ただけ、覚えただけでは何の意味もない。

哲学はやってみないと意味がないのだ。それはあたかも料理の仕方を頭で知っているだけ、スキーの仕方を頭で知っているだけなのと同じである。本で読んだだけで料理はできないし、スキーも滑れないはずだ。実践が不可欠だろう。それと同じだと思ってもらえばいい。哲学はしないといけないのだ。

それに、哲学の面白さはやってみてはじめてわかる。特に、自分の人生や社会にかかわる事柄について哲学してみると、それがそのまま自分の人生や社会に反映されることになるので、より面白さを味わえるだろう。

哲学で人生や社会が変わるのである。哲学をすることのメリットもここにある。哲学は決して役に立たない学問でも、死んだ学問でもない。それどころか、使える生きた学問なのだ。

哲学を身につければ、物事を批判的に見ることができるようになるだけでなく、論理的に考えらえるようにもなる。対象を頭の中でさっと整理して、まとめる力がつくのだ。また、物事の本質をとらえることができるようになる。それは先ほどのコップを哲学した例からもわかってもらえるのではないだろうか。さらには、物事を創造する力まで身につくのである。

こんなすごい力を身につけて、人生が変わらないわけがない。哲学が学問として二千年以上も生き残っているのには、ちゃんとした理由があるのだ。次項では学問としての哲学の体系を紹介していこう。

哲学について知ろう

哲学の隣接分野

まず哲学の隣接分野について話をしたいと思う。哲学の隣接分野としてよく挙げられるのは、思想、宗教、倫理といったあたりである。

①思想

思想とは世界観だといっていい。人が抱く世界像だ。それは徹底的に考える必要はない。思えばいいのだ。世界はこんな感じだと感じたらそれで思想は出来上がる。しかも、思想は考えた**結果**であって、**行為**ではない。ここも哲学との大きな違いだといっていい。「哲学する」とはいっても、「思想する」とはいわないのはそのためだ。

②宗教

では、宗教はどうか？　一言でいうと、宗教とは**信じる**ことである。宗教の場合、神や大いなる力を疑ってしまっては、そもそも意味がなくなってしまう。これに対して、哲学の場合、まずは**疑う**。なぜなら、疑わないことには本質が見えてこないからだ。

つまり、まったくベクトルが逆なのだ。宗教も哲学も共に人の心を救うことがあるが、これはタイプによって異なる。世の中には、信じることで安堵する人と、疑って正体を暴くことでほっとする人の二種類のタイプの人がいるのだ。

③倫理

最後に倫理。倫理は高校で科目としても存在し、かつその中で哲学の知識を学ぶので、ついつい哲学と同視しがちである。

しかし、本来倫理とは**ルール**のことである。人が複数集まれば、ルールを決めなければならない。それが社会のシステムとして整備されたものが法だ。だから哲学とは別の営みだといってよい。にもかかわらず倫理という科目で哲学が出てくるのは、それがルールを作るのに役立つからだ。

哲学によって人間関係や物事を徹底的に考えることで、よりよいルールを作れるわけである。また実際に、歴史上の哲学者が残した英知の中には、そうしたルールもある。ちょっと前に言及したルソーの社会契約論だって、社会を作るためのルールだといっていい。

④道徳

ちなみに、倫理に似たものとして道徳という領域もある。これもまた科目になっている。小中学校では道徳を学び、高校で倫理を学ぶという感じになっている。したがって道徳もまたルールを作る方法だといっていいだろう。ただ、倫理と違って、もう少し心の内面に重点を置いているような気がする。倫理が社会のルールであるのに対して、道徳は自分の心のルールに近いだろうか。

哲学の体系

そして哲学の体系としては、三つほどの分類が考えられる。地理による分類、時代による分類、対象による分類である。

①地理による分類

まず地理による分類とは、**西洋哲学、東洋哲学**といった分類である。この場合、西洋ならさらにギリシア、フランス、ドイツ、イタリアなど国や地域ごとに分けられるし、東洋なら中国、日本、インド、イスラムなどに細分化することができる。

②時代による分類

時代による分類としては、西洋哲学の場合、大まかに分けると、**古代ギリシア、中世、近代、現代**の四つの区分を挙げることができる。

古代ギリシアは哲学が誕生した時代である。中世はキリスト教が支配的だったので、哲学は下火だったが、それゆえにキリスト教と哲学の整合を図ろうとする動きがあったことを知っておく必要がある。近代は哲学が一番花開いた時期である。ルネッサンスによって人間性の復権が図られ、人間中心主義は一気に頂点を極める。現代はその頂点を極めた人間中心主義に批判的な目を向ける時代だといっていいだろう。現代がポストモダンと呼ばれるゆえんである。

③対象による分類

最後に対象による分類について。これはさらに二種類に分けられる。

一つは、**形而上学**（存在論を含む）、**認識論**、**論理学**、**倫理学**という四つに分類するものだ。ほかにもいくつかの分け方があるが、これが一番伝統的な分類だろう。

形而上学というのは、原因とは何かとか、無は存在するのかといった我々の知覚や感覚を超えた抽象的な問いを考えることである。物事の存在を問うことが多いので、存在論と同視することもある。認識論とは、文字通り人がどう物事を認識するかについての問いである。論理学は推論の形式についての問い、倫理学は人の生き方についての問いである。

もう一つは、もっと具体的に扱う領域ごとに**「○○哲学」**と名づける分け方である。たとえば、政治哲学、歴史哲学、公共哲学、宗教哲学、教育哲学、技術哲学、自然哲学、社会哲学、法哲学、生の哲学など、扱う対象によって無数に考えられる。アニメ哲学だってありうるだろう（実は私が提唱しているのだが）。ただ、学問の分野として確立しているものは、ここに挙げた程度のものに限られている。

本書では、地理的分類でいうと西洋哲学に焦点を当てている。なぜなら、日本人にとって東洋の価値観は比較的感覚として理解できるのに対して、西洋という異質な空間における価値観は、西洋化が進んだ現代日本においても、依然としてなじみの薄いものだからである。

また、グローバル社会で私たちが競争していかなければならないビジネスエリートたちは、どこの出身であっても西洋哲学の素養を持ち備えているからである。この事情について次項で少し詳しく紹介したい。

欧米の文化と哲学

哲学が身近な欧米のビジネスパーソン

欧米では、皆哲学を学んでいる。特にエリートに限られるわけではない。それが一般的な素養なのだ。特に、「デカルトの国」といわれるほど哲学の根づくフランスでは、大学受験の必須科目にもなっている。大学入試で最初に受験する科目として哲学が設定されているのである。しかも単なる知識を吐き出すたぐいの試験ではなく、論文試験である。

そのための準備として、彼らは高校でも本格的に哲学の授業を受けている。アメリカでさえ、哲学のない国などと揶揄《やゆ》されることがあるが、物事を徹底的に考える訓練はどの授業でも取り入れられている。たとえば先生はすぐに「どうしてだと思う？」と生徒に考えさせる。そして対話が始まる。ディベートもそうだ。単に哲学という名称をつけていないだけである。

実際、反対の立場に分かれて、一方の主張を受け入れては妥協点を見出していく訓練を見ていると、まさに西洋哲学の弁証法を実践しているようにしか見えない。いや、そもそもいちいち生徒に問いかけて考えさせる点で、すでにソクラテスの問答法、すなわち哲学の実践をしているわけである。

そこで私たち日本人も、敵を知らないと競争に勝つことはできない。グローバル社会においては、同じ土俵で彼らと戦っていかなければならないのだから。逆に日本人が哲学を身につければ、欧米のエリートよりも強くなるだろう。

なぜなら、日本人にはもともとそれとは異なる日本哲学があるのだから。神道や仏教、そして武士道もそうだろう。感性で考えたり、和を重んじたり、精神を統一したりするのは、日本哲学ならではの発想だ。

日本哲学など学んだ覚えはないというかもしれないが、日本的なものの考え方は自然と身についているはずである。そこに西洋の哲学がプラスされれば、鬼に金棒である。

哲学に疎遠な日本のビジネスパーソン

ただ、今のところ日本の一般のビジネスパーソンは、哲学に疎遠だといっていいだろう。読書好きなビジネスパーソンはたくさんいると思うが、小説や自分の専門分野の本に限られていたり、自己啓発のためにビジネス書を読むという程度の人が多いようだ。ましてや哲学については、「難しい」「役に立たない」「倫理も選択したことがないのでまったくわからない」といった感じではなかろうか。

これに対して、できるビジネスエリートは、愛読書に哲学書を挙げたりする。経営者もそうだ。かつて私が働いていた伊藤忠商事の元会長丹羽宇一郎《にわういちろう》さんは、アダム・スミスの『道徳感情論』が愛読書の一つだそうだ。そういえば、私の知り合いのやり手経営者も、『ソクラテスの弁明』が愛読書だといっていた。

おそらく哲学書に目を向けた人たちは、欧米のビジネスエリートとの競争に負けて悔しい思いをした経験があるか、海外に出て哲学の重要性に気づいたのであろう。残念ながら、この国ではそういうきっかけでもないと哲学に目を向ける機会を持つことができないのだ。

私と哲学の出会い（京大→商社→ニート→哲学）

では、私はなぜ哲学に目を向けることができたのか、そのへんの事情についてお話ししておきたい。これから哲学をやってみようと思っている方の何らかの参考になるかもしれないので。これについては結構色んなところで書いているため、私のことをすでによくご存じの方は読み飛ばしていただいて結構かと思われる。

私の経歴を見ると、たいていの人は驚かれる。そもそも私は学部時代は法学部の出身だ。しかも京都大学法学部。法曹関係者を多く輩出するバリバリの法学部だ。さらに、その後就職したのは先ほども触れた伊藤忠商事。こちらも日本随一の総合商社だといっていい。よく聞かれるのは、**「そんなビジネスの世界での勝ち組が、なぜ哲学の世界に？」**というものだ。

確かに私は世間でいえばビジネスエリートとして社会人のキャリアをスタートした。しかし、実態はエリートとは程遠かったのだ。当時は欧米エリートのように、物事を徹底的に考える習慣もスキルも持ち備えていなかった。

にもかかわらず、赴任していた台湾で政治の動乱に巻き込まれたのがきっかけで、直接社会を変える活動がしたくなり、会社を辞める決意をする。皮肉なことに、当時一人前だったのはプライドだけだった。だから大口を叩いて会社を辞めたものの、思考もスキルも足りないせいで、一転フリーターになってしまったというわけである。

その後は転落する一方で、実に5年弱もの長きにわたり、私は20代後半を引きこもり同然の状態で過ごすはめになってしまった。30歳を手前に、藁にもすがる思いで色んな本を手に取った。そのとき一番納得がいったのが哲学だったのだ。それまでの人生では、哲学などという学問に目を向けることもなかった。偏見を持っていたからだ。あんなものは役に立たない古い知識だと。

ところが、手あたり次第救いを求めて本を貪《むさぼ》ったおかげで、出会うはずのなかった学問に出会うことになった。だから、人生食わず嫌いはやめたほうがいい。なんでもちょっとは試してみるべきだ。

哲学で自分と社会をつなぐ

それで一気に哲学に惹かれていった私は、態勢を整えるべく市役所に就職し、働きながら生涯哲学を学ぶことに決めた。そのために働きながら通える大学院の門も叩いた。そこで学んだのが**公共哲学**だった。自分と社会をいかにつなぐかを考える哲学だ。

20代後半のロスタイムを取り戻すかのように、猛勉強した。そのかいあって、最短で博士号も取得し、運よく高専に哲学教員として採用されたのだ。私は、自分が哲学に救われた経験を伝えるため、また哲学が役に立つ学問であることを知ってもらうために、哲学の普及活動に乗り出した。

今度は若いころと違って、哲学という武器を身につけたおかげで、すべてがうまくいった。問題にぶち当たるたびに徹底的に思考し、それを行動に移すようにしたのだ。公共哲学を使って、あらゆる問題について、自分がその問題にどうかかわっていけばいいのか、あきらめることなく常に最適解を模索するようになったのだ。

たとえば、歩道の並木をめぐって地域と行政との間で衝突が生じたら、いかにすれば皆が納得のいく解決を見出せるか、徹底的に考える。そして、自ら並木を保存する会の会長を買って出て、地域や行政の間に入って新たなルールの構築に積極的にコミットする。そんなことだってできるのだ。

その後、幸い哲学の普及活動は軌道に乗り、たくさんの入門書を書き、メディアにも出るようになった。さらに、公共哲学の実践として、**「哲学カフェ」**も始めることができた。これは市民が気軽に哲学をする場だ。哲学を使って、皆が人生を変え、社会を変えるための手助けを始めたわけである。

そして数年前に大学に移り、今はグローバル教育の一環として哲学を教えている。より多くの若い人たちが哲学を身につけ、このグローバル社会をよりよいものにしてくれることを願って……。

私のストーリーが他の人にそのまま当てはまるとは思わない。ただ、哲学が人生と社会を変える大きなツールになりうる実例として、こんなこともあるのだと思っていただければ幸いである。

今、なぜ哲学か?

この10年ほど哲学の普及活動を行ってきて、如実に感じることがある。それは確実に哲学のニーズが広がっているという実感である。今、なぜ哲学なのか、本章の最後にこのことについて私なりの考えを書かせていただきたい。

少なくとも私が学生だった80年代は、まだ日本社会には安定と希望があった。戦後ずっとやってきたように、アメリカを見習い、成長というモデルをセオリー通り追求していればよかったのである。そうすれば社会がうまくいく、幸福になれるという希望があった。ところが、その神話は90年代の初めには早くも崩れ去り、今や先の見えない不安の滝つぼにはまり込んだかのような状態が続いている。

グローバリズムの浸食とテクノロジーの急速な発展によって、社会は混沌としてしまっているのである。当然人々はどうしていいのかわからず、日々不安を増大させているだけである。もう何に頼ってもうまくいかないことは、この20年ほどで実証済みなのである。

そこで、最後に白羽の矢が立てられたのが、哲学だというわけである。ここで最後に哲学に目が向けられたのには、二つの理由がある。一つは、哲学が一番役に立たないと思われていたということ、もう一つは、より積極的にもう自分の頭で考えるしかないと思い始めたことである。

自分の頭で考えるのは、効率が悪いし、できればしんどいのでやりたくない。でも、もうほかに選択肢がないわけである。ところがそれが広がっているということは、やってみると意外といいということに、多くの人が気づき始めた証拠である。

時間はかかるかもしれないけれど、哲学なら混沌とした世の中の意味をはっきりさせてくれるのではないかと期待を寄せているのである。前に述べた世界の有意味化だ。さらに、世の中の先行きが不透明なので、人々は自分で土台を作る必要性も感じている。このニーズに対してもまた、哲学にはそれを満たすだけのポテンシャルがある。

実際、哲学に偏見を持っていた人でも、「哲学カフェ」に参加したりするとこんな感想をもらしたりする。

「仕事以外のことを考えたのは久しぶりで、新鮮だった」

「政治に興味がなかったけれど、社会のことを哲学してこの国をなんとかしなきゃと思った」

あるいは、私が勧めた読みやすい古典に挑戦した人たちは、こんなふうにいっていた。

「哲学は難しいと思って敬遠していたけれど、プラトンの『饗宴』は私でも読めた。単純にうれしい！」

「パスカルの『パンセ』は自己啓発書を読むのに近いかも。難しく考えすぎていた」

等々……。

こうして哲学は今静かに日本社会を席巻しつつある。この流れの先頭を切ってほしいのが、これからの日本を作っていくビジネスパーソンなのである。ビジネスパーソンは時代の変化に敏感だ。そして意識も高い。だからこの哲学の力にいち早く気づき、戦いの狼煙《のろし》を上げ始めているのだ。私の本が哲学のジャンルのものであるにもかかわらず、ここ数年の間に二度もビジネス書大賞にノミネートされたのは、偶然ではないだろう。

さらに最近では、ＮＨＫのＥテレでも哲学番組がレギュラーで放映されるほどだ。『世界の哲学者に人生相談』という番組で、司会は高田純次さん。私もコメンテーターとして出演している。毎回ゲストや視聴者のお悩みを、古今東西の哲学者の言葉を手がかりに考え語り合うという内容で、哲学をまったく知らない人でも十分楽しめるように工夫されている。

社会は着実に変わりつつある。その流れに乗り遅れてはいけない。さっそく次章で哲学の知識から身につけていただきたい。

速習! 基本の概念
哲学者30人のマストアイテム

Chapter

2

本章の活用方法について

哲学を学ぶには、歴史上の主要な哲学者とその中心となる概念を押さえておく必要がある。できれば時系列で、哲学史にのっとって、順番に理解していくのがいい。なぜなら、哲学の歴史は概念を発展させていくプロセスそのものだからだ。

ソクラテスに始まり、その弟子、そのまた弟子へと、現代に至るまで脈々と知の伝統が受け継がれているのである。もちろん国をまたいで受け継がれたり、時代を超えて受け継がれているものもある。

その中で時には批判的に継承されたり、ひょんなことから派生的にまったく新しいものが生まれたりもしている。しかし、いずれにしてもすべては哲学史のマップの中で展開しているものであることは間違いない。

ここでは、その中でも必須と思われる30人の哲学者を厳選し、時系列で紹介している。また、彼らの主要概念をこれも一つだけ厳選し、それについて詳しく論じる形になっている。

これによって、これまで二千数百年にわたる哲学の歴史の中で、いったい誰が、何を論じてきたのかがざっとわかるようにしたつもりである。

さらに、ビジネスの世界をはじめ現代社会の様々な場面において、私たちがそれらの概念をツールとしていかに活用することができるか、またそれを身につけることでどんな効果が得られるかについても言及している。

ぜひ単なる知の歴史というのではなく、使える知のツールのカタログとして、読んでいただきたい。

▶001

ソクラテス

問答法

哲学の最も基本的な手法。問いを立てる

質問することで、思考を深めていくことができる

Σωκράτης
(BC469頃-BC399)

哲学の父

古代ギリシアの哲学者ソクラテスは、二千数百年前、最初に哲学を始めた人物だとされる。だから哲学の父だといっていいだろう。もちろん、それより以前にも哲学者はいたが、彼らは自然哲学者といって、自然現象を解明しようとしていたにすぎない。世界はいったい何からできているのだろうか、水だろうか、それとも原子だろうかと。

これに対してソクラテスは、今私たちが哲学と呼んでいる物事の本質の探究方法そのものを確立したのだ。そしてそれを、知（ソフィア）を愛する（フィレイン）という意味の言葉で表現した。これがフィロソフィー、つまり哲学の語源になったのだ。

さて、そんなソクラテスが確立した哲学の方法とはどんなものなのだろうか。一言でいうと、それは質問をすることだ。とはいえ、これは単に問いを投げかけるというのとは違う。彼の質問法は「問答法」あるいは「産婆術」といって、相手に考えさせる点に特徴がある。そのためには、いい質問をしなければならない。

いい質問とは、相手が考え、答えを生み出す手助けになるようなタイプのものだ。だからまるで赤ちゃんが生まれるのを手助けする産婆さんみたいだという意味で、産婆術と呼ばれるわけである。これこそまさに哲学の基本だといっていい。人に質問してもらったり、あるいは自分で自分自身に問いを投げかけることで、考える契機を持つのだ。哲学はこうして始まる。

ソクラテスは、常日頃、物事を知ったかぶりしたらもうそれ以上賢くなれないといっていた。これを無知の知という。無知の知に陥ってしまうと、人はもうそれ以上自分に問いを投げかけることはなくなってしまう。それではもはや成長することも望めない。

私とは誰か？　世界とは何か？　愛とは？　自由とは？　**一見当たり前に思っていることに、あえて問いを投げかける。**すると、いかに自分がわかったつもりになっていたかに気づくだろう。そうしてはじめて、本当の私、世界の真の姿、愛の意味、自由の本質を知ることができるのだ。

そう、自分はわかっていない、だから質問する。こうした態度が、人を成長させるのである。自分に対して質問し、考えることで、能力が伸びる。人に対して質問すれば、人の能力を伸ばすこともできる。いい質問は、人を深く考えさせ、いい答えを生み出すのだ。

▶002

プラトン

イデア

物事の本質としての理想

常に理想を追求できるようになる

Πλάτων
(BC427-BC347)

哲学の魂の継承者

古代ギリシアの哲学者プラトンは、ソクラテスの弟子で、ソクラテスの言葉を書物にして伝えた人物である。なにしろソクラテスは1冊の本も残さなかったのだから。

その意味でプラトンは、哲学の魂の継承者といっていいだろう。また、プラトンは理想主義者でもあった。なぜなら、彼はイデアという物事の理想の状態を想定し、それを求めることを重視したからである。

物事の本質はこの世ではなく、イデア界という理想の世界にあるのだ。イデアとは、もともとは物の姿や形を意味する言葉である。ただ、形といっても私たちの感覚でとらえられるような形のことではない。感覚によってとらえられるものは移ろいゆくものだが、イデアは永遠不滅の存在なのである。

あらゆる物事はそんなイデアの影にすぎないため、私たちには本当の姿、つまり本質を見出すことが求められる。ここでプラトンは「洞窟の比喩」を用いる。私たちはあたかも、洞窟の中で壁に映る物事の影しか見ていないのと同じだというわけだ。影にまどわされてはいけないということである。

たとえば、円を描いたとしよう。これはどれだけ正確に描いても、円の本当の姿ではない。チョークで黒板に描けば、チョークの太さの分、不正確になる。だから本当の姿をとらえるには、頭を使うしかないのだ。言い換えると、哲学をするしかないということである。

こうしてプラトンは、イデアによって構成される永遠不滅の世界と、感覚によってとらえられる現実の世界を区分した。これが現実と理想の二元論的世界観と呼ばれるものである。私たちはこの二元論的世界観の中で、普段は現実だけを見せられている。したがって、**イデアを想起して、常に理想を追い求めるようにしなければならない**のだ。プラトンの哲学は、そんな理想を追求することの大切さを教えてくれる。

彼が理想を語った対象は実に幅広い。真・善・美といった典型的な哲学のテーマに加え、愛といった個人的主題から国家といった社会的な主題まで。現代の私たちは、忙しく目の前の現実にとらわれ、理想を追うことを忘れがちである。だからこそプラトンのイデアを念頭において、どこかに理想が存在すると信じて哲学することが必要である。

▶003

アリストテレス

フィリア

共同体における倫理としての友愛

共同体における助け合いの大切さを再認識できる

Αριστοτέλης
(BC384-BC322)

共同体哲学の祖

古代ギリシアの哲学者アリストテレスは、プラトンの弟子だ。また、かのアレキサンダー大王の家庭教師としても知られている。

アリストテレスは、師のプラトンとは違って、現実主義者だった。二人の対照的な哲学を象徴する絵に、ラファエロの名画「アテナイの学堂」がある。中央で、本質はイデア界にあるとして天を指さすプラトンの隣で、いや、本質はこの現実の中にこそあるとばかりに掌を地上に向けるアリストテレス。

では、なぜアリストテレスは現実主義者といわれるのだろう。それは、彼がポリスと呼ばれる古代ギリシアの共同体における倫理を説いたからだ。現実の社会の中では、理想を求めるのではなく、小さな社会で人とうまくやっていくことのほうが大切だ。だからアリストテレスは、フィリアの重要性を説いた。

フィリアとは、相手のことを自分と同じように考えるという倫理だ。友愛といってもいいだろう。共同体でうまくやっていくためには、常にフィリアを意識する必要があるのだ。そして相手のことを自分と同じように考えると、必然的に人に迷惑をかけないようになる。

そこから彼は、さらに「中庸《ちゅうよう》」を説くに至る。中庸とは、物事のほどほどの状態を意味する概念である。極端な行動に出たり、極端な感情を表に出すと、人といさかいが起きるからだ。

人間は一人では生きていけない。共同体の中で助け合いながら生きていかざるを得ないのだ。アリストテレスの思想の根底には、そんな現実的な認識が横たわっていたといっていいだろう。そうして彼はこう結論づける。**「人間は本性的にポリス的動物である」**。

この発想は現代の私たちにも必要なものであるといえる。個人主義が蔓延し、どうしても共同体の紐帯《ちゅうたい》や友愛などということが説教がましいことであるかのように思われているふしがある。しかし、災害が起こったときなどに明らかになるのは、互いに助け合い、困難を乗り越えようとする人々の姿である。やはり私たちはポリス的動物なのだ。

いざというときに困らないように、日頃からフィリアを大切にしておかなければならない。地域でも、職場でも。アリストテレスの哲学は、私たちにそう呼びかけているように思えてならない。

▶004

デカルト

方法的懐疑

物事の本質に迫るために正しく疑う方法

物事を徹底的に疑えるようになる

René Descartes
(1596-1650)

近代哲学の鼻祖

フランスの哲学者デカルトは、まさに近代哲学を切り拓いた人物であるといっていいだろう。その意味で、近代哲学の鼻祖などと称される。そうして人間の生まれ持った理性を重視する大陸合理論と呼ばれる哲学の潮流を作り上げた。

おそらく彼の言葉で一番有名なのは、「我思う、ゆえに我あり」というフレーズではないだろうか。いや、もしかしたら哲学の世界の中でも一番有名な言葉だといっていいかもしれない。

これはラテン語では「コギト・エルゴ・スム」という。このラテン語表現もまた有名で、彼の思想を「デカルトのコギト」と呼ぶことがある。では、これはいったい何を意味しているのだろうか。

デカルトは決して疑い得ない確実なものを見つけるために、片っ端からこの世に存在する物事を疑うことにした。目の前にある机は本当に存在しているのだろうかとか、自分以外の人間は機械じゃないだろうかというふうに。あるいは自分自身でさえも、実は夢の中にいるんじゃないだろうかと疑ったのだ。そうすると、結局なんでも疑えることになってしまう。

そんな中で、こうして現に今自分が疑っているという事実だけは疑い得ないことに気づいたのだ。これが先ほどの「我思う、ゆえに我あり」の意味するところである。この徹底的に物事を疑う思考法を「方法的懐疑」という。

方法的懐疑がもたらしたのは、**決して疑い得ない自分の意識をベースに、徹底的に物事を疑うという態度**である。物事の本質を探究するには、こうした態度が不可欠なのだ。そして必然的にこの態度がその後の哲学の基本となった。

ただ、デカルトがあまりにはっきりと意識とそれ以外のものを区別したので、身体さえも意識と切り離されるという問題が生じてしまった。いわゆる心身二元論である。心と身体は本当はつながっているのに、バラバラの存在であるかのようにされてしまったのである。

こうした問題はあったにせよ、デカルトの方法的懐疑は、現代社会においても様々な場面で使える思考ツールとして活用できる。よくビジネスの場面でも「なぜ？」を繰り返せといわれる。そのように徹底的に疑ってはじめて、本当のことが明らかになるからだ。

▶005

スピノザ

汎神論

すべての存在は最高完全者の部分

すべての物事を統一的な原理でとらえることができる

Baruch De Spinoza
(1632-1677)

不遇な17世紀最大の哲学者

オランダの哲学者スピノザは、17世紀最大の哲学者だといっていい。ユダヤ系の出自であるにもかかわらずユダヤ教団から破門され、また人格神を信仰するキリスト教からも神を疑う危険人物として非難され、隠れて生きざるを得なかった。そこで不遇にもひっそりとレンズ磨きで生計を立てつつ、匿名で本を出していたのだ。

もともとスピノザは、デカルトの流れを汲む大陸合理論の哲学者の一人である。したがって、彼もまた、人間の理性によって世界を理解しようと試みた。彼はまず実体という概念を掲げる。実体とは、自らが存在するために自己以外の根拠を必要としないものをいう。

そして、そのような存在は唯一、神だけだというのだ。それ以外の一切のものは、ある一定の限られた仕方によって、時間的、有限的に存在する特殊なものにほかならない。それらは、自己を存在根拠にできないので、神なしには存在することができないということになる。

言い換えると、神以外のものは神の姿の一つにすぎないわけである。自然でさえも。すべての存在は神＝最高完全者の部分なのである。このように、神を万物の根源と考える立場、もしくはすべてのものに神が宿っているとする考え方を「汎神論」という。このようにして、**「一にして全」である唯一の実体としての神**は、自己の原因であるだけでなく、一切のものの存在の原因とされるに至る。

スピノザの汎神論によると、人間の精神も神の精神の一部だということになる。だから人間の幸福についても、神との合致の中にあると主張するのである。さらに、スピノザは国家について論じているが、彼の国家論の根底には、すべてがつながっているという発想を見出すことができる。そのすべてをまとめるための仕組みとして、国家が求められるというのだ。

私たちはとかく自分の問題と自分の外の世界の問題を切り離す傾向がある。しかし、本当は自分もまたこの世界の一部なのである。だから自分だけのことを考えていても、決して物事はうまくいかない。

スピノザの汎神論は、神を信じるかどうかにかかわらず、そんな大きな視点を私たちに与えてくれる。すべての物事を統一した原理でとらえようとする際、参考になる考え方なのだ。

▶006

ホッブズ

万人の闘争

人間は自然状態ではお互いをつぶし合うという洞察

社会における権力の必要性を説明できる

Thomas Hobbes
(1588-1679)

社会契約説の生みの親

イギリスの思想家ホッブズは、社会契約説の生みの親だといってよい。社会契約説とは、王権神授説に対抗する理屈である。絶対王政においては、王たちは神から統治する権利を授かったとして、好き放題に振る舞っていた。それを阻止すべく、思想家たちが、人々の契約によって統治の権限が委ねられるという思想を生み出したのである。

ホッブズの場合、人々が契約して、その力を王に譲渡するという説を考え出した。そのためホッブズは、まずそもそもそうした統治の権力がなければどうなるかを考えたのである。もし誰も人々を統治しなければどうなるか？

人間には自然権がある。快楽を求めて、苦痛を避け、自己の生命活動を維持する権利である。そんな生命維持のために力を行使する人間同士が、互いに争い合ったとしたらどうなるか。彼はその状態を自然状態と呼んだ。これこそ誰もが敵同士となって自己の欲求実現のために争う「万人の闘争」状態にほかならない。

そうした恐怖の無秩序状態を避けるため、まず人は自然権を抑制する知恵としての自然法を求めざるを得ない。自然法とは、個々人が自然権を追求するためにこそ、みんなでルールを守ろうという合意である。

しかし、自然法の拘束力は良心の域を越えるものではなく、平和を100％保障するものではない。そこで人は、外的権力の存在を求めるようになる。それが国家である。この外的権力としての国家を設定するための方法が、社会契約なのだ。

ここでの社会契約とは、第三者に権利を委ねる契約である。つまり、**人は他の人も同意するならば、自己防衛のために自分の権利を放棄する**だろう。そうして自分たち全員の人格を担う一個人を任命し、その者に判断を委ねるのである。これが実現され、皆が一つの人格に統一されたとき、それが国家になるのだ。

ホッブズによってその国家は、個々の人間の集合体のような人工的人間、リヴァイアサンとして構想された。リヴァイアサンは旧約聖書に出てくる海獣の名前だ。

ホッブズの思想からは、人間社会における権力の必要性を説明するための示唆が得られるといっていいだろう。自然状態や万人の闘争は、今も秩序が必要なことの喩《たと》えとしてよく使われる。人間が自己の欲求を追求する生き物であることは普遍的な事実なのだ。

ルソー

一般意志

人民の意志の最大公約数

集団の中に存在する共通の意志がわかる

Jean-Jacques Rousseau (1712-1778)

フランス革命の精神的指導者

フランスの思想家ルソーは、一風変わった人物だとされている。孤児同然の幼少期を送り、得意の音楽で生計を立てながら思想を育んでいった。特に有名なのは、フランス革命にも影響を与えたとされる『社会契約論』である。

彼の社会契約論は、ホッブズのそれとはまた異なる。この本の中で、ルソーは現行の社会秩序の不合理さを糾弾することから議論を始める。本来人間は自由なはずなのに、社会生活を営むうえで不自由を強いられているというわけである。そうした状況を変えるために新しい社会秩序を作ろうとしたのだ。

この場合、一見逆説的ではあるが、国家の全員が全員に対して自由を譲渡すれば、自由を取り戻せるという。つまり、自由の譲渡先は自分自身になるからである。譲渡して失われるのは、欲望のままに振る舞う「自然的自由」だけであって、真の自由である「市民的自由」が新たに獲得されると考えるのだ。

市民的自由とは、義務や理性に従って、自分で自分を律することのできる自由のことである。共同体では、わがままに振る舞う自然的自由ではなく、自分を律する市民的自由のほうこそを重視しないと、人間関係がうまくいかない。だから市民的自由が必要なのだ。

ルソーは、その市民的自由を持った個々の人民が、自分たちで社会を統治すればいいと主張した。そのために提起されたのが、全員に共通する「一般意志」である。これは単に個々人の個別の意志を足し合わせた「全体意志」とはまったく異なる。それではただ多数意見を反映するだけになってしまう。そうではなくて、あくまで全員に共通する最大公約数的な意志を求めたのである。

そして、そのみんなに共通する一般意志を見出すには議論が必要なので、必然的に直接民主制が求められることになる。**一般意志に基づいて、みんなで政治をしよう**というわけである。これがルソー型の社会契約説だ。このとき人民は、主権者として立法権を持ち、一般意志を法という形で表明する。他方で、一般意志の実現のためには、手足のように活動してくれる執行権者としての政府が求められる。だから政府は人民に雇われるにすぎない存在なのだ。政府に実権はなく、淡々と国民の意志を執行すればよいことになる。

ルソーの一般意志は、現代社会においても共同体の中で共通の意志を見出し、それに基づいて様々な問題を議論し解決していく際にも有効な発想だといえる。

▶008

ベンサム

功利主義

快楽が多ければ多いほど正しいとする考え

現代社会において何が正しいのか考える際の物差しの一つになる

Jeremy Bentham
(1748-1832)

功利主義の生みの親

イギリスの思想家ベンサムは、功利主義の生みの親として有名な人物である。ベンサムは、幸福な世の中を作るために、功利性の原理を掲げた。

功利性の原理とは、快楽と苦痛を正しさの基準にするものである。この場合、快楽は善で、苦痛は悪となる。そうして快楽の量的計算をして、快楽が苦痛を上回る場合は正しい、そうでない場合は間違っていると判断するのである。

ただ、人間の快楽とか苦痛というのは、個人的なものにすぎないので、社会における正しさの基準になりうるのかどうか疑問が生じるだろう。この点についてベンサムは、社会の幸福とは、一人ひとりの幸福を足し合わせたものだとして、全部足せば問題ないとする。

そこで掲げられたのが、有名な「最大多数の最大幸福」というスローガンだ。これによると、**社会の利益を最大化するためには、少数者の幸福よりも、多数者の幸福を増大させ**

るほうが望ましいということになる。また、同じ多数者の幸福でも、小さな幸福より大きな幸福を増大させるほうが望ましいというわけである。

ベンサムはこの功利主義に基づき、数々の社会制度改革を提唱した。有名なのは「パノプティコン」と呼ばれる刑務所のアイデアだ。これは中央に監視塔を備えた円形の刑務所で、中央から効率的に受刑者を監視することができる。そうして受刑者をまじめに働かせて、生産的な労働習慣を身につけさせることを提案した。

あるいは、貧民を管理するための制度も提案している。ベンサムは、貧民を救貧院に閉じ込めれば、街の人たちの快楽が増加すると考えたのである。貧民にしてみれば苦痛かもしれないが、多数の街の人の快楽と少数の貧民の苦痛とを比較した結果、快楽のほうが多ければ正しいということになるのだ。

一見無慈悲のようにも思えるが、実は現代社会において私たちは基本的に功利主義を採用しているといってよい。交通事故死者が出ても、車社会を止めようなどという人はいない。社会の多くの仕組みは、最大多数の幸福のために制度設計されているのだ。

何が正しいのか判断しにくい現代において、功利主義が一つの物差しとなりうるのは確かだろう。

▶009

ロック

タブラ・ラサ

経験によって観念が書き込まれる場としての心の白紙

人間が経験によって物事を知る存在であることを考える際に役立つ

John Locke
(1632-1704)

イギリス経験論の完成者

イギリスの哲学者ロックは、イギリス経験論の完成者であるとされる。イギリス経験論とは、人間の経験を重視する立場である。フランシス＝ベーコンが観察と実験によって、自然のメカニズムを解明したのが始まりだ。

この対極にあるのが、デカルトを祖とする大陸合理論だ。デカルトは、人間は生まれながらに生得観念を持っており、それを育んでいけばよいとした。

これに対してロックは、**生得観念など存在せず、むしろ人間の心は生まれたときは白紙だ**と主張したのだ。この心の白紙が「タブラ・ラサ」である。

タブラ・ラサとは、ラテン語で何も書かれていない板という意味である。その何も書かれていないところに、どんどん知識が書き込まれていくというわけである。そうやって観念は、外界の事物が私たちの感官を刺激し、白紙の心に印象が与えられることによって生じるという。このプロセスこそが経験にほかならない。

ロックの考えをもう少し正確に説明すると、感覚と反省という二種類の経験が観念を生み出し、人間の認識行為を可能にしているということになる。

ここでいう感覚とは、視覚、聴覚、触覚、嗅覚、味覚といった感官に外部の事物が刺激を与えることである。私たちは、その刺激によって形成された心的印象を知覚すると、思考し、疑い、意志を持つといった反応をする。この反応が反省と呼ばれるものなのである。

また観念にもいくつか種類があって、先ほどの感覚のようなものは単純観念と呼ばれるのに対して、そこから形成される概念のようなものは複合観念と呼ばれる。そしていくつかの単純観念に共通の抽象的な要素が抽象観念と呼ばれる。

たとえば、黒い、塩辛い、ぬるっとしているというのが単純観念で、そこから得られた醤油という概念が複合観念、黒いという色のような抽象的なものが抽象観念である。

ロックのタブラ・ラサは、私たちに改めて経験の重要性を認識させてくれる。人間は経験したこと、学んだことしか知識にすることができないのだ。日頃から多くのことに挑戦して、様々な経験を積んでいくことこそが、柔軟で強靭な思考を身につける原動力になるといえよう。

▶010

カント

批判

対象を吟味するという意味

物事の本質を分析し、吟味するのに役立つ

Immanuel Kant
(1724-1804)

ドイツ観念論の源流

ドイツの哲学者カントは、彼の後に花開くことになるドイツ観念論という哲学の源流に位置する人だといっていいだろう。非常に厳格な性格で、生涯規則正しい生活を送りながら、他者や社会に向けて厳しい倫理を提起した。

批判とはそんな彼の哲学を象徴する言葉だといえる。もっとも、ここでいう批判とは、一般に使われている意味とは少し異なる点に注意が必要だ。通常批判とは、物事に対して誤りや欠点を指摘することをいう。しかし、カントの場合、学説の基になっている原理を分析し、その成立条件などを明らかにすることをいう。いわば対象をじっくりと厳格に吟味することだと思ってもらえばよい。

たとえばカントは、「三批判書」と呼ばれる『純粋理性批判』、『実践理性批判』、『判断力批判』の三つの著書を著している。これらは各々「人間は何を知りうるか」、「人間は何をなしうるか」、「人間は何を欲しうるか」を問うものだ。つまり**人間の本質とは何か、ま**

た人間の限界とはどこにあるのかを探究しようとする営みであるといえる。

これらを通じて、カントは物事の本質を吟味しようとしたわけである。たとえば、『純粋理性批判』では、人間の認識能力がどこまであるのか吟味するために、人間が感覚等で知ることができるものを超えた部分を「物自体」と名づけ、それについてはどうあがいても認識不可能であるとした。

また『実践理性批判』では、正しい行いをするための基準について吟味した。その結果、正しい行いは無条件になさなければならないという定言命法を掲げるに至ったのである。

さらに『判断力批判』では、芸術や自然における美的判断が吟味される。美や崇高に関しては、私たちは理性だけで判断することができず、自由に想像力が広がっていく中で、普遍的に快と判断されると考えられている。

このように、カントの批判哲学は、一言でいうなら理性の限界を定めたものであるといえる。こうした厳格な吟味の姿勢は、私たちが物事の本質について考えるとき、それを分析するための方法として参考になる。したがって理性に限らず、何事にも応用できる思考法であるといえよう。

▶011

ヘーゲル

弁証法

マイナスをプラスに変えて、物事を発展させるための原理

問題を解決して、より発展した提案をするのに役立つ

Georg Wilhelm Friedrich Hegel (1770-1831)

ドイツ観念論の完成者

ドイツの哲学者ヘーゲルは、ドイツ観念論の完成者と称される。あるいは近代哲学の完成者であるとさえいっていいだろう。なぜなら、近代の哲学とは、デカルトが決して疑い得ない人間の意識の存在を発見して以来、それを発展させるプロジェクトであったからだ。ドイツ観念論は、意識の可能性を探求していく立場だといってよい。その中でヘーゲルは、絶対的観念論を唱えることで、人間の意識が絶対知という究極の段階まで発展することを明らかにした。

ただし、こうした評価は、彼が哲学の体系を完成したと嘯《うそぶ》いたのが理由の一つだ。実際には、その後の研究でヘーゲルが必ずしも完全な体系を構築したわけではないこと、またヘーゲルの死後もシェリングなどの哲学者が、ドイツ観念論を発展させていることから、完成者ヘーゲルの像は揺らいでいる。

しかし、彼が哲学史において大きな転換点となったのは間違いないだろう。その要因として挙げられるのが、論理としての弁証法概念の提起である。弁証法そのものは、実は古代ギリシアのソクラテスの時代から存在した。ただし、当時は相手と問答を繰り返す中で、相手の主張の論理的な矛盾を暴き立てるための道具にすぎなかった。それを生産的な思考法として位置づけたのがヘーゲルだったのだ。

ヘーゲルのいう弁証法は、問題が生じたときに、それを克服してさらに一段上のレベルに到達する思考方法を指す。これによって一見相容《あいい》れない二つの対立する問題を、どちらも切り捨てることなく、よりよい解決法を見出すことができるわけである。いわば**第三の道を創造するための方法**だといってよい。

具体的には、「正↓反↓合」、あるいはドイツ語で「テーゼ↓アンチテーゼ↓ジンテーゼ」などと表現される。止揚《しよう》するだとか、アウフヘーベンするだとかいわれることもある。つまり、ある物事（テーゼ）に対して、それに矛盾する事柄、あるいは問題点が存在するような場合に（アンチテーゼ）、これらを取り込んで、矛盾や問題を克服し、より完璧な発展した解決法（ジンテーゼ）を生み出すのである。

ヘーゲルはこの論理を使って、意識の発展や国家の発展、そして歴史の発展について整合的に説明してきた。私たちも、あらゆる物事をこの弁証法を使って説明できるのと同時に、問題解決のための思考としても十分活用できるはずである。

▶012

ショーペンハウアー

意志の否定

意志の禁欲的否定によってのみ、欲望の苦悩から解放されるという主張

欲望から逃れるための思想として役立つ

Arthur Schopenhauer
(1788-1860)

ペシミズムの哲学者

ドイツの哲学者ショーペンハウアーは、不運な天才だったといっていいだろう。なぜなら、ゲーテに高く評価され、また死後ニーチェなどにも大きな影響を与えながらも、生前十分に活躍できなかったからである。その理由は、ヘーゲルが全盛期の時代に同じ大学に赴任したためである。

そんな人生も影響したのか、彼の哲学は悲観的で、ペシミズムの哲学者と称することができる。ショーペンハウアーの哲学がユニークなのは、世界を意志ととらえる点である。その意志は際限ないものとして広がり、世界を構築していく。

人間も例外ではない。だから人間の欲求はいつまでも満たされることがないのだ。そのせいで生は苦痛に満ちたものとなる。では、**人はいかにしてその苦痛から逃れることができるのか。**ショーペンハウアーがまず目をつけたのは芸術だ。

芸術は、人間から主観とか客観という要素を取り除き、人間を意志の欲望のすべての苦痛から解放した解脱《げだつ》の立場へと高める。ところが問題は、芸術による解脱は、稀にしか生じない一時的なものだという点だ。そこで、次に説かれるのが道徳による解脱である。

生が苦痛であるということは、生の一部である道徳も、他者と共に苦しむということを意味する。つまり同情だ。同情することで、人は他者の苦しみを理解しようとするのだ。もっとも、この場合でさえ、実際には他者に対してできる限りのことをするという程度である。その意味では、生存の苦痛からの究極的な解脱にはなり得ない。

かくしてショーペンハウアーは、根本的には生への意志を否定するしか道はないと判断する。それを可能にするのは、禁欲をおいてほかにない。ここでショーペンハウアーがいう禁欲とは、仏教の宗教的諦念によってもたらされる種類のものである。だから日本人には理解しやすいのではないだろうか。

現代社会においては、ますます欲望が肥大化している。その苦しみから逃れるためには、今こそショーペンハウアーの哲学を活用すべきときであるように思えてならない。

▶013

マルクス

史的唯物論

生産関係の発展によって歴史は進展する

社会の変化を理解するための一つの視点を提起してくれる

Karl Heinrich Marx
(1818-1883)

社会主義の生みの親

ドイツの経済学者であり思想家のマルクスは、社会主義の生みの親として知られている。盟友エンゲルスの協力のもと、彼は世界の歴史があたかも社会主義の理想に向かって進展しているかのように思わせることに成功した。いわゆるマルクスの唯物史観あるいは史的唯物論と呼ばれるものである。それによって、その後実際にソ連をはじめ多くの社会主義国家が誕生した。

『経済学批判』の中でマルクスは、人間の思想や法、政治の制度などといった「上部構造」は、生産手段や生産活動といった「下部構造」によって決まってくると主張した。つまり経済活動が土台となって、それによってすべての社会制度の中身が決まってくるというわけである。それまでの哲学者たちが、思想や観念こそ経済のあり方を決定すると考えてきたのとは正反対の発想だといってよい。

そして、生産力が生産性の向上によって生産関係にそぐわなくなったとき、その矛盾を原動力として、歴史は次の段階へと進展するというのだ。あたかも小さくなった服が破られ、新しい服を求めるかのように。具体的には、原始共産制、奴隷制、封建制、資本主義、社会主義、共産主義へと展開していく。

したがって、マルクスによれば、**矛盾にあふれた資本主義は革命によっていつか壊され、生産力に応じた社会へと移行していかざるを得ない**のである。つまり次にくるのは、能力に応じて働き、働きに応じて分配を受けるという社会主義、あるいは能力に応じて働き、必要に応じて分配を受けるという共産主義にほかならない。

ソ連の崩壊と共に、社会主義の壮大な実験は終了したかのようにいわれるが、まだまだ実際の歴史がどう進展していくかはわからない。時代を超えてマルクスが読み継がれている点に鑑《かんが》みると、私たち自身資本主義社会を生きながらも、常にその矛盾に抗《あらが》おうとしているのかもしれない。

少なくとも、マルクスの史的唯物論に限っていうならば、これはこれで社会の変化を理解するためのもう一つの視点を提起してくれる有効な理論だといえるだろう。

▶014

レヴィ＝ストロース

構造主義

世の中を全体構造の中で理解する

物事を構造という枠組みでとらえることができるようになる

Claude Lévi-Strauss
(1908-2009)

構造主義の完成者

フランスの思想家レヴィ＝ストロースは、構造主義の完成者だといってよい。構造に着目するという思考法そのものは、数学や言語学において先行して形成されていた。そこに目をつけた人類学者のレヴィ＝ストロースが、これを概念として体系化し、一躍有名にしたのである。

レヴィ＝ストロースのいう構造とは、要素と要素の間の関係からなる全体のことであるとされる。一言でいうと、彼の構造主義とは、物事の全体構造に目を向けることで、本質を探ろうとする思想だといっていいだろう。

レヴィ＝ストロースの基本スタンスは、現象の部分に理由を求めるのを止め、全体を構造として見ようとする点にある。そうして構造に目を向けた結果判明した事実として最も有名なのが、交叉イトコ婚の例だといっていい。未開の部族などに見られる、男性とその母方の交叉イトコの女性を結婚させる風習のことである。

このような風習はいかにも未開な社会ならではのように思われていたのだが、レヴィ＝ストロースは、このシステムの全体構造に目をやることで、ある発見をした。それは、男系家族の男子にとって、母方の叔父の娘は別の家族集団に属している点である。ということは、この関係にある男女が結婚する仕組みにしておけば、常に異なる家族集団間で人の交換が行われ、部族の存続を図れるというのである。

ここでポイントとなるのは、**一部の要素の変化だけに目をとられていては、変わることのない全体構造を見失う**ということだ。全体に着目することで、全体の枠組みそのものが不変であることを認識してはじめて、それを構造ととらえることができる。

かくして、一部の現象だけをとらえて未開だとみなされてきた風習は、全体構造を見てみると、意外にも高度なシステムを形成していたわけである。一部だけを見ていては誤解をしかねない。だから全体を見なければならないのだ。

レヴィ＝ストロースは、構造主義の立場から、従来の偏った欧米中心主義を批判した。そして物事を相対的に見ることの大切さを訴えたのである。こうした視点は、複雑な現代社会を生きる私たちにとっても重要だ。政治や社会の問題、ビジネスの課題に至るまで、それまでとは異なる構造を意識することで、はじめて見えてくるものがあるはずである。

▶015

ニーチェ

超人

自分を乗り越えることで、強く生きる存在

困難を乗り越えて生きていくための勇気を得ることができる

Friedrich Wilhelm Nietzsche
(1844-1900)

価値転換を主張した哲学者

ドイツの哲学者ニーチェをどう形容するか。それは人それぞれだろう。しかし、私は価値転換を主張した哲学者と称したい。なぜなら、それが彼の存在意義の一番重要な部分だと思われるからだ。

ニーチェは既存の道徳や常識を偽善だと批判し、ついには神の存在をも葬り去った。みんながそういっているからやらなければならないというのは、自分が弱い証拠だというのだ。なぜこんなことを主張したのかというと、それは人間を救うためである。その象徴ともいえるのが、超人思想である。

近代以前のヨーロッパでは、キリスト教が人々の心を支配していた。キリスト教は愛の宗教といわれるように、弱い人を慰める宗教である。自分の弱さを肯定し、あの世で救われる、と手を差し伸べてもらうのだ。そのために、救済の主体としての神という存在を創造したといっていい。

そうすると人は、自らの弱さを肯定し、神という存在にすべてを委ねてしまうようになる。ニーチェはその点を批判するのである。それでは奴隷と同じではないかと。だからキリスト教のことを過激にも「奴隷道徳」と呼んだのだ。

そんな奴隷道徳が、ニヒリズム、つまり虚無主義を生んでいるのだと。だから、早くそのことに気づいて、奴隷道徳に頼らずに強く生きていかなければならないと訴えた。それが超人思想である。そこで彼は、「神は死んだ」と宣言する。もう頼るべき神はいないと。

そして人生は永遠回帰という名の苦しみの繰り返しである。つまり、いくら克服しても、また同じ苦しみが永遠にぐるぐると繰り返されるのである。でも、そこで屈してしまったらおしまいなのだ。

この状態を乗り越えて生きていくためには、永遠回帰を理解したうえで、それでもなお**「よし、もう一度」と立ち上がれるかどうか**にかかっている。これができたときはじめて、ニヒリズムは能動的なものに変わり、私たちは真の強さをもって生きていくことができるのだと説く。

このニーチェの思想は、どうせ無理だろうとあきらめがちな現代人にも勇気を与えてくれるものだといえる。私たちは今こそ超人にならなければならないのかもしれない。

▶016

ウィトゲンシュタイン

分析哲学

哲学の役割は言語の意味を分析することであるとする立場

言語の意味を吟味することで物事の本質を知る

Ludwig Witgenstein
(1889-1951)

分析哲学の源流

オーストリア出身の哲学者ウィトゲンシュタインは、分析哲学の源流だといっていいだろう。厳密にいうと、彼自身の哲学は分析哲学ではない。しかし、そもそも分析哲学が、言語の意味分析に哲学の役割を位置づけるものである以上、それは明らかにウィトゲンシュタインにまでさかのぼることができるのだ。

まずは彼の主要な哲学を確認していきたい。ウィトゲンシュタインの思想は前期と後期に分けられる。

前期の主要な概念として、写像理論が挙げられる。一言でいうと、言語と世界との間の対応関係、つまり構造上の同一性のことを指す。ウィトゲンシュタインが『論理哲学論考』において明らかにした概念である。彼は、この写像理論をもとにして、言語の可能性から世界のあり方を明らかにしようと目論んだ。

この理屈を発展させていくと、**世界中の事柄が言葉によって説明できる**ことになる。つまり、世界とは言語によって語り得るもののみを指すことになるのだ。逆にいうと、自然科学の世界とは異なる、善や意志といった対象を持たない命題は、語り得ないことになる。

これについてウィトゲンシュタインは、語り得ぬものには沈黙しなければならないと断言した。いわば言語の限界が世界の限界だということである。このウィトゲンシュタインの写像理論は、後にウィーン学派による論理実証主義を生み出す契機となり、科学哲学に大きな影響を与え、今の分析哲学の発展へとつながっている。

これに対して、ウィトゲンシュタインの後期の思想は、言語ゲームと呼ばれるまったく性質の異なるものである。私たちは皆、日常生活において言語を交わすことで、意味を解釈するゲームを行っているというのである。

そのゲームでは、場所や状況によってルールが決まってくる。つまり、**言語活動というのは、生活の各場面によって決定されてくる**ものなのだ。そうして、この後期の思想が、日常言語派と呼ばれる日常言語の分析を重視する立場へと引き継がれていった。

以上のように、ウィトゲンシュタインが提起した言語分析に関する哲学が、後の分析哲学の潮流に大きな影響を与えている。そして、私たちがそこから学ぶことができるのは、言語の意味を分析するという方法で物事の本質を探ることもできるということだ。

▶017

フッサール

現象学的還元

すべての物事を意識において把握するための方法

経験がどのように成り立っているか解明できる

Edmund Husserl
(1859-1938)

現象学の生みの親

ドイツの哲学者フッサールは、現象学の生みの親といっていいだろう。フッサールによると、日頃私たちは素朴に事物や世界の存在をあらかじめ前提としているという。それは日常の経験によってもたらされる習慣のようなものであって、単なる「自然的態度」だというのだ。

しかし、真理を求めるためには、このような態度ではいけないと非難する。そこで求められるのが、「超越論的態度」と呼ばれるものだ。いわばこれは、哲学的にものを見る態度のことである。

たとえば、自由とは何かを考えるとき、自分が今食べているものが何なのかを考えるのと同じような態度で臨んでいてはいけない。それでは自由の本質をとらえることができないからだ。もっと深く考えないといけない。

そのためにフッサールは、新しい物事のとらえ方を提案した。それが現象学的還元と呼ばれるものである。具体的には、**目の前に何かがあるとき、仮に自分がそれを何だか知っているとしても、あえて判断を中止（エポケー）する**のである。

私たちは、何かを認識すると、すぐに判断を開始してしまう。「あ、鳥がいる」とか「あれはよくない」というふうに。でも、鳥と決めてかかったり、よくないと決めてかかっている時点でもう問題なのだ。だから判断を中止する必要がある。

そのうえで、あらゆる物事は自分の様々な経験がもとになって作り上げられた産物であることを理解し、それらを一つひとつほぐしていくことになる。たとえば、自由とは何か考えるときも、自分の経験をもとに作り上げられた自由のイメージを検証していくわけである。

そうして意識の中に残ったものだけが、物事の純粋な姿だということになる。自由であれば、自由の純粋な姿が意識の中に立ち現れるのだ。

このように、フッサールの現象学は、経験というものがどのようにして成り立っているかについて解明する意義を有していると同時に、物事の純粋な姿を見出すのに役立つ。逆に、現象学を知ることで、日頃私たちが何気なく認識し、理解しているものが、自分のいかなる経験に基づくものなのか考えてみることもできるだろう。

▶018

ハイデガー

世界内存在

人間は様々な物事とのかかわりの中で生きているとする考え

存在とは何かという問いを通じて、いかに生きるべきか考える契機になる

Martin Heidegger
(1889-1976)

存在の意味を問うた20世紀最大の哲学者

ドイツの哲学者ハイデガーは、存在の意味を問うた20世紀最大の哲学者だといっていいだろう。ナチスに肩入れしたことから、戦後は公職を追放されたが、思想家としての偉大さは認めざるを得ない。

なぜなら彼は、『存在と時間』の中で、アリストテレス以来はじめて「ある」ということの意味を本格的に探究した人物だからだ。どういうことかというと、たとえば、「なぜ○○があるのか？」ということではなく、**「そもそもあるとはどういうことか？」**を問題にしたのだ。

そのためにハイデガーは、世界内存在という概念を掲げた。これは人間が世界の中で様々な事物とかかわり、それらに配慮しながら生きる様を表現したものである。

たとえば、私たちは朝起きてから寝るまで、色々な事物を使いながら生きている。食器、服、パソコン、車……。いわばこれらの事物は私たちにとって道具であり、そんな道具の中に生きているといっていいだろう。

ハイデガーは人間存在のことを現存在と呼んでいるが、現存在はまた世界内存在でもあるのだ。もっとも、人間が事物とかかわりながら生きているといっても、それは単に人間が物に取り囲まれていることを意味しているわけではない。

それでは自分という存在は誰でもいいことになってしまう。道具の究極目的であるはずの人間が、交換可能、代理可能な誰でもいい存在になってしまうのだ。ハイデガーはそんな人間を、ただの人を表す「ダス・マン」と表現している。

ハイデガーは、交換可能な現存在のあり方は非本来的であるとして、本来的な生き方を主張するのである。では、本来的な生き方とはどのような生き方か？　それは死を意識して、先駆的決意のもとに死に向かって懸命に生きることにほかならない。

確かに私たちは、死を意識したときはじめて、人生の時間が限られていることに気づく。そして、一生懸命努力をしようとするものだ。その意味で、ハイデガーの哲学は、存在とは何かという問いを通じ、私たちにいかに生きるべきか考えるための契機を与えてくれているといえる。

▶019

サルトル

実存主義

人生は自分で切り拓いていけるとする考え

どんな状況でもあきらめずに立ち向かっていくための勇気が得られる

Jean-Paul Sartre
(1905-1980)

20世紀
知のスター

フランスの哲学者サルトルは、20世紀の知のスターだったといっていいだろう。哲学者、小説家、戯曲家として活躍するだけでなく、反骨精神にあふれ、パートナーの女流作家ボーヴォワールと共に、実際に世の中を変えようと奮闘した人物でもある。

そんなサルトルを象徴する思想が、実存主義である。サルトルによると、人間とはすでにある何らかの本質に支配された存在では決してなく、自分自身で切り拓いていくべき実存的存在にほかならない。

彼はこれを「実存は本質に先立つ」と表現した。実存というのは存在のことで、本質というのはあらかじめ決められた運命みたいなものである。サルトルはそのことをペーパー・ナイフを例に説明している。ペーパー・ナイフというのは、ある仕方で作られる物体であると同時に、一方では一定の用途を持っている。だからこの場合、ペーパー・ナイフの本質は実存に先立っているのだ。存在が限定されているといってもいいだろう。

このように、作り方や用途のあらかじめ決まった存在は、本質が実存に先立っている。言い換えると、運命が決まっているわけである。しかし、人間の場合は、「実存が本質に先立つ」のである。人間は最初はなんでもない存在だが、後になってはじめて人間になる。しかも自ら作ったところのものになるという。つまり、運命は変えられるということである。

サルトルはこの状態を**「人間は自由の刑に処せられている」**と表現した。これは常に自由に何かを選択することなしには、一歩も前に進むことのできない人間の生を表現したものである。

確かに「何をしてもいい」といわれると、人はとまどうものだ。たくさんの選択肢を前にして、苦しむことさえあるだろう。ただ、同時にこの言葉は、私たちが無数の選択肢の中から、その都度自由に選択して人生を歩んでいるという素晴らしい事実を認識させてくれるものでもある。

そう考えると、どんな状況でもあきらめずに立ち向かっていくための勇気が得られるのではないだろうか。サルトル自身、困難な状況を承知で、植民地の独立や反戦運動にアンガージュマン、つまり積極的にかかわっていったのである。その意味で実存主義は、同じように困難な時代を生きる私たちも、ぜひ見習うべき思想だといっていいだろう。

▶020

メルロ＝ポンティ

身体の両義性

身体は精神でも物質でもない両義的な存在だとする洞察

身体の意義を見直す契機を与えてくれる

Maurice Merleau-Ponty
(1908-1961)

身体を哲学したパイオニア

フランスの思想家メルロ＝ポンティは、本格的に身体を主題にした初の哲学者だといっていいだろう。メルロ＝ポンティは、身体を現象学的に研究することによって、デカルト的な精神と物質の二元論を乗り越えようとした。つまり自己の身体の経験は、精神でも物質でもない両義的な存在の仕方だというのである。

ここでの両義性は、人間が身体によって知覚することに起因する。それゆえに、身体の一部、たとえば目などは私たちにとって永久に知覚することはできないし、また一般に私たちは自分の身体を他のもののように自由に観察することができないのである。

そして、私が自分の身体を決して自由に眺めることはできないのと同じように、私は自分の身体が行っている意識下の活動を自由に意識でとらえることもできない。内臓や細胞が勝手に動いているように。私たちの身体は、時に非人称的行為として動いているのである。簡単にいうと、無意識に勝手に動いているのである。

そうして身体は、勝手に様々な感覚や運動を互いに結びつけて、そこから一つの構造や意味を浮かび上がらせるという機能を持っている。これを身体図式と呼ぶ。つまり身体は、感覚を筋肉運動に即座に変換したり、ある身体部位の筋肉運動を他の身体部位の筋肉運動に瞬時に翻訳したり、ある感覚を他の感覚と瞬間的に交流させたりできるのだ。これは**私の意識ではなく、むしろ身体を中心とした身体的実存**と呼べる。

この身体図式のおかげで、人間は世界の中でなめらかに知覚したり行為したりすることが可能になるのである。どうしてこんなことが可能になるかというと、感覚とか運動が、物事を一つの像にまとめるゲシュタルト、つまり形態的特性や構造としてとらえられているからである。

身体が世界のうちで行為する際に浮き上がらせるこのゲシュタルトは、多くの場合、無意識の領域に属している。ボールをキャッチしたり、自転車に乗る際バランスを取るときのように。これらは個体としての私の誕生以前から遺伝的に受け継がれたものなのだ。その意味で、身体的実存は個人を超えた伝統の繰り返しだということができるだろう。

このように、メルロ＝ポンティの思想は、私たちの持つ身体の見方を転換させ、その意義を見直す契機を与えてくれる。

▶021

フーコー

パノプティコン

身体にまで権力をいきわたらせる装置

権力という視点から近代社会の原理を読み解くことができるようになる

Michel Foucault
(1926-1984)

権力の本質を暴いた告発者

フランスの思想家フーコーは、権力の本質を暴いた告発者だといってよい。彼自身同性愛に悩む中で、それが権力によって作られた枠組みのせいであることを発見していったのである。

そんな権力の本質がよくわかるのが、フーコーの用いたパノプティコンの喩えである。パノプティコン自体は、功利主義の思想家ジェレミー・ベンサムによって考案された刑務所のアイデアのことだ（70ページ）。「一望監視装置」などと訳されている。しかし、フーコーはこれを近代社会における監視の仕組みとして取り上げたのだ。

パノプティコンには、中央に監視塔があって、周囲に円環状に独房が配置されている。ここでは工夫がされていて、監視塔から独房は見えるけれども、独房の側からは何も見えないようになっているのだ。つまり、監視塔にいる看守はすべての囚人の動きを見られるのに対し、独房にいる囚人は看守が何をしているのかわからないようになっている。

ここには、監視する者とされる者の間の眼差《まなざ》しの不均衡が存在するのだ。この不均衡こそが権力の象徴だといってよい。一方が他方に完全に従うという構図である。パノプティコンの場合は、監視されているという可能性を囚人が常に意識し、自動的に従順な従属する主体となることを意味している。

こうして権力は、囚人自身の手によって深く内面化されていく。言い換えるなら、権力は没個人化され、匿名的になり、より巧妙かつ精緻な効果を発揮するようになるのである。フーコーは、パノプティコンの原理に見られる**規律・訓練権力の作用が、単に監獄という制度に限らず、近代社会の隅々にまで及んでいる**といいたかったのだ。

その原理は、学校、工場、仕事場、病院、軍隊など、われわれの社会の様々な制度に拡散し、監獄と同様の効果を発揮しているという。こうして規律・訓練は、個人の身体だけでなく、同時に社会全体をも貫徹し、「規律・訓練社会」を出現させるに至る。

フーコーの暴き出した権力の構造は、監視カメラがいたるところに設置される現代社会では、ますますリアリティを増しているといっていいだろう。さらには、政府や大企業による個人情報の管理が問題提起される現代こそ、そんな権力の存在にもっと自覚的になる必要がある。

▶022

ドゥルーズ

リゾーム

始まりも終わりも中心もない思考法

論理思考とは異なる柔軟な思考をする際に役立つ

Gilles Deleuze
(1925-1995)

概念の創造者

フランスの思想家ドゥルーズは、概念の創造者だといっていいだろう。自らも哲学とは概念の創造だといいきっている。そうして彼は、精神分析家のフェリックス・ガタリと共に、多くの斬新な概念を生み出していった。その中の象徴的なものの一つがリゾームである。

リゾームは、トゥリーという概念とセットで対比して用いられている。トゥリーとは文字通り樹木のことである。ただ、ここでは樹形図のような発想を指している。これに対してリゾームとは、もともとは地下茎の一種である根状茎を意味している。こちらは中心を持たないネットワーク状のものだといっていいだろう。

そして、これらは人間の思考法の二つの典型なのだ。トゥリーは、これまでの西洋社会を支配してきた思考法である。幹から枝が分かれていく樹形図といえば、たとえば生物を分類するあの図だ。ロジカルシンキングのピラミッド構造をイメージしてもらってもいい。

思考法としてのトゥリーは、しっかりとした基本原則を立てて、あくまでもそれを基準として、そこからいくつかのパターンや例外を考えていくというものになる。これは従来からある思考法であり、理解しやすいだろう。分類という作業は、おおよそこのトゥリー型の思考法に基づいてなされている。

一方、リゾームのほうは、中心どころか始まりも終わりもない**ネットワーク型の思考法**だといえる。特徴としては、全体を構成する各部分の自由で横断的な接続であって、それによって生じる異種混交状態だということができる。

また、リゾームは新しい部分が接続されたり切断されたりするたびに、性質を変える多様態でもある。いわば接続と共に変化していくわけだ。これは新たなものが接続することによって、全体の性質が変わってしまうということを意味している。具体的には、脳のシナプスやソーシャルメディアのつながり図をイメージしてもらえばいいのではないだろうか。

こうしたリゾーム思考こそが、合理的思考の硬直性を打ち破って、柔軟な思考を可能にするといえる。たとえば、その応用の一つが、ドゥルーズの唱えるノマドの概念である。これからの時代、既存の枠組みから外れ、ノマド＝遊牧民のように自由に発想し生きることが求められつつあるといえよう。

▶023

デリダ

脱構築

近代的価値を否定し、再構築するための手法

物事を再構築するための方法論を身につけることができる

Jacques Derrida
(1930-2004)

ポスト構造主義の旗手

フランスの思想家デリダは、ポスト構造主義の旗手といっていいだろう。自らの思想もそうだが、従来の哲学研究や哲学教育そのものをも根底から問い直そうとしたところに特徴がある。その実践として、誰でも参加できるまったく新しい哲学する場「国際哲学コレージュ」を創設した。

そんなデリダの思想を象徴するのが、脱構築という概念だ。脱構築とはデリダの造語で、一から作り直すことを意味している。

近代においては、あらかじめ正しいと思われる価値が重視されてきた。しかし、デリダにいわせると、それは論理的なものやわかりやすいものを最優先する態度、文字よりも声を優先する態度、目の前に現れたものを正しい存在だとする態度、男性的なものを女性的なものの優位に置く態度、ヨーロッパを他のどの地域よりも優位とみなす態度といったものが根底に横たわっているからにほかならない。

こうした既存の価値は必ずしも正しいとはいえない。いや、暴力的でさえあるだろう。なぜなら、論理的なものだけが正しいという考えが差異を排除してきたからである。また、男性的なものを優位に置く態度が女性を抑圧し、ヨーロッパ中心主義が植民地支配や戦争を生みだしてきたからである。

そこでデリダは、こうした**西洋近代の「思考法」を解体しようとした**のだ。それが脱構築という概念だった。ハイデガーの「解体」という用語をヒントに考えられた「デコンストリュクシオン」という語の訳である。文字通り解釈すると、構造物を解体し、構築し直すという意味になる。ここでのポイントは、単に解体するだけではなく、構築し直すという点である。

実は、この用語は建築に応用されてもいる。脱構築主義建築などと呼ばれるものがそれだ。その特徴は、やはり従来の建築の常識を覆《くつがえ》すような形態やコンセプトにある。まるでずれたり、破壊されたような建築が多く見られる。脱構築とは、既存の物事のあり方を解体し、一から新たな形に構築し直すことを表しているのである。

このように私たちも、デリダの脱構築に倣《なら》って、社会の仕組みや前提を今一度疑い、見直し、新しく作り変えていく、そんな姿勢や態度を忘れてはならない。

▶024

デューイ

プラグマティズム

道具としての知識を提唱

物事を段階的に完成していくための視点が得られる

John Dewey
(1859-1952)

プラグマティズムの完成者

アメリカの哲学者デューイは、プラグマティズムの完成者といっていいだろう。プラグマティズムとは、ギリシア語で行為や実践を意味するプラグマという語に由来し、アメリカで発展してきた思想だ。実用主義などと訳されるが、プラグマティズムと表記するほうが一般的である。

完成期までの主な論者は3人おり、その内容も段階を経て変化してきている。最初にプラグマティズムを唱えたのはC・S・パースだ。彼は概念を明確にするための方法としてこの語を用いた。科学的実験の方法を概念の分析に用いることで、概念の意味はそこから引き出される効果によって確定されると主張したのである。

このパースの創設したプラグマティズムを発展させたのが、ウィリアム・ジェームズだ。ジェームズは、パースのいうプラグマティズムの方法を、人生や宗教、世界観といった真理の問題に適用した。彼によると、真理というのは、私たちの生活にとって有用な働きをするかどうかといった視点、つまり有用性を基準として考えられなければならない。

こうしてより実践的な思想として発展したプラグマティズムは、ジョン・デューイによって完成を見る。デューイは、これを単に物事の考え方として発展させるだけでなく、教育や民主主義などの具体的分野に適用していった。

そうして私たちの日常を豊かにすることを哲学の目的に据えたのである。そうすると、**思想や知識などというものは、それ自体に目的や価値があるのではなく、人間が環境に対応していくための手段**となる。知識は人間の行動に役立つ道具としてとらえられるのである。この思想は道具主義と呼ばれている。

さらにプラグマティズムは、20世紀終わりのポストモダンのネオ・プラグマティズム、さらには原点回帰ともいえる21世紀の最新のニュー・プラグマティズムまで、常に発展し続けている。

そんな中でも共通していえるのは、デューイの道具主義に象徴されるように、知をあくまで道具ととらえ、原理原則や理論的整合性に過度にこだわらない点である。そうすることではじめて、物事を段階的に完成していくための柔軟な姿勢が可能になるのである。私たちが学ぶべきなのも、そうした視点だといっていいだろう。

▶025

レヴィナス

他者

他者とは私の中に取り込むことのできない倫理であるとした

他者のおかげで私という存在があることを認識できるようになる

Emmanuel Lévinas
(1906-1995)

他なるものを論じた哲学者

フランスで活躍したリトアニア出身の哲学者レヴィナスは、他なるものを論じた哲学者だといっていいだろう。ユダヤ系であったため、ナチスの迫害を受け、必然的に他者や倫理に関心を持つことになったものと思われる。

レヴィナスにとって他者とは、私とは根本的に異なる存在だという。いわばそれは、私の世界の外からやってくる差異にほかならない。だからレヴィナスは、顔に着目する。顔は一人ひとり異なるからだ。

私たちは自分と同じものは自分の中に取り込もうとする。相手が人間であっても、支配しようとする。その極致が殺人である。レヴィナスはそれを食い止めるのが、顔だという。顔を見たら殺せなくなるからだ。確かに戦場を経験した兵士たちが同じようなことをいっていたのを聞いたことがある。

こうして私たちは、自分と他者を区別して生きている。にもかかわらず、他者の存在は常に私たちの中にある。ここで問題が生じるのだ。異なる存在なのに、実際には、他者と私とは切っても切れない関係にある。

この切っても切れない関係がゆえに、**私たちは他者に対して一方的に無限の責任を負わなければならなくなる**のだ。

一方的に責任を負うのは不公平だと思う人もいるかもしれない。しかしレヴィナスにいわせると、他者の存在そのものが倫理なのだから、それは仕方ないということになる。他者のおかげで、私という存在が成り立っているのだから。

普通は、倫理は仲間の間で守るべきルールを指すので、自分と他者との間の対等な関係を前提としている。ところが、レヴィナスのいう倫理は、他者に対し無限の責任を負うという非対等な関係を生み出しているのである。

このレヴィナスの思想は、自分中心の現代社会を見直す契機を与えてくれるものといえるのではないだろうか。私たちが他者に対して無限の責任を負っているという認識は、必然的に他者への態度や社会の制度を変えることにつながっていくと思われるからだ。

▶026

ロールズ

正義論

公正としての正義を説き、格差の解消を理論づけた

正義の意味とルールの作り方がわかる

John Rawls
(1921-2002)

政治哲学を復権させた哲学者

アメリカの政治哲学者ロールズは、政治哲学を復権させた人物だといわれている。もともと政治哲学というジャンルは、アリストテレス以来、ずっと下火だったといってよい。それを『正義論』を掲げて、復権させたのが当時ハーバード大学で教鞭をとっていたロールズだったのだ。

彼は、何が正義なのかを明らかにするために、まず**無知のヴェール**という思考実験を提案する。無知のヴェールをかぶると、あたかも自分自身の情報が遮断されてしまうというのだ。これによって、人は皆等しく合理的で、同じ状況に置かれているという状態が作り出せる。

ロールズは、この状態を原初状態と呼ぶ。そこで得られる合意が、公正であることを保証する初期状態のようなものだ。無知のヴェールをまとうことで原初状態に置かれると、人はようやく他人のことについても自分と同じようにとらえることができるようになる。

こうして真の正義とは何かを判断する前提が整うわけである。

では、具体的にはどのようにして真の正義を判断していけばいいのか？　ここでロールズは、**正義の二原理**という基準を持ち出す。第一原理は「平等な自由の原理」である。第二原理には、「機会の公正な均等原理」と「格差原理」がある。

まず第一原理によって、各人に平等に自由を分配すべきだとされる。ただし、ここでいう自由は言論の自由や思想の自由、身体の自由といった基本的な自由に限られる。

次に、第二原理の「機会の公正な均等原理」によって、社会的・経済的不平等については、ある地位や職業に就くための機会の均等が保障されている場合にのみ認められるとする。それでも残る不平等が、第二原理の「格差原理」によって調整されるわけである。

そして、格差原理による調整に際しては、不平等が許されるのは、最も恵まれない人が最大の便益を得るような形でなされる場合に限られるという。公正な分配はこうしたプロセスを経て、はじめて可能になるのである。

このようなロールズの哲学から、私たちが学ぶことができるのは、正義の意味と、ルールの作り方だといっていいだろう。正義に限らず、様々な概念について考えるとき、ロールズの思考のプロセスを参考にすることができるはずである。

▶027

アーレント

活動

人間の営みとして、政治活動が必要であるとの主張

いかにして社会にかかわっていけばいいか考える契機を与えてくれる

Hannah Arendt
(1906-1975)

公共哲学を掲げた女性現代思想家

ドイツ出身の思想家アーレントは、公共哲学を掲げた女性現代思想家だ。ユダヤ系であるため、ナチスに追われ、アメリカに亡命した。そこで活躍の場を得たといってよい。アーレントは全体主義の発生メカニズムを暴き、そこからあるべき人間の姿、社会の像を提案したのである。

その一つが活動という概念である。アーレントは『人間の条件』の中で、人間の営みとして、労働（レイバー）、仕事（ワーク）、活動（アクション）という三つのカテゴリーを挙げる。

労働というのは、人間の肉体の生物学的過程に対応する活動力を指す。食事を作ったり、洗濯をしたり、いわば生きるために必要なものを生み出す営みである。これに対して、仕事とは、人間存在の非自然性に対応する活動力を指す。この場合生み出されるのは、道具や建築物のような工作物になる。

これらに対して、活動（アクション）とは、いわば言論による草の根の政治活動のことだといっていいだろう。地域活動を思い浮かべてもらうといいと思う。アーレントによると、人間は政治的な動物なのだ。共同体で、議論して物事を決め、共に支え合っていく存在なのである。

そんな人間にとっては、活動が不可欠だという。そういう活動があってはじめて、私たちは異質な人に出会い、ルーティンワークの中では考えないようなことを考える。いわば思考をするわけである。

アーレントは、**全体主義を招いたのは、この思考の欠如にあった**と考えている。だからナチスの大物アイヒマンが裁かれた裁判をエルサレムで傍聴し、無思想性の恐ろしさを指摘したのだ。

人は何も考えずにいると、知らず知らずの間にとんでもない悪を犯してしまう。そして罪の意識さえ持つことができないのだと。彼女はそれを悪の陳腐さと呼んだ。

このようにアーレントの思想は、考えることの大切を気づかせてくれると同時に、私たちがいかにして社会にかかわっていけばいいか、考える契機を与えてくれるものだといっていいだろう。

▶028

ハーバーマス

コミュニケーション的行為

理性は道具ではなく、合意するための方法であるとする考え

開かれた対話の方法を考えるうえで有効

Jürgen Habermas
(1929-)

ドイツの良心

ドイツの哲学者ハーバーマスは、ドイツの良心と呼ばれている。何か大きな事件や出来事があると、人々は必ずハーバーマスの見解を聞こうとする。したがって、必然的にハーバーマスはこれまで様々な問題について論じてきた。また、多くの知識人たちと論争も行ってきた。

そのハーバーマスが最初に有名になったのは、彼のコミュニケーション的行為に関する理論である。コミュニケーション的行為とは、望ましい対話行為のことである。彼は、相手を説得するために理性を使うのではなく、あくまでも開かれた態度で相手の話を聞き、共に何かを作り上げていこうとする態度が求められると主張する。

相手を説得しようという理性は、人を目的達成の手段にしてしまうような道具的理性にすぎないという。それに対して、相手を尊重し、共に合意を目指そうとする理性をコミュニケーション的理性と呼んで区別するのである。

議論する際、相手の立場を尊重しなければコミュニケーションは成り立たない。そうしたコミュニケーション的理性に基づく対話は、目的を達するために命令や欺瞞などによって、力ずくで相手の意思決定に影響を及ぼそうとする戦略的な行為とは異なるのである。あくまでも相手に納得してもらったうえで、承認を求めようとするのだ。

そのためにハーバーマスは、三つの原則が必要だという。つまり、**①参加者が同一の自然言語を話すこと、②参加者は事実として真であると信じることだけを叙述し、擁護すること、③すべての当事者が対等な立場で参加すること**、である。

このハーバーマスのコミュニケーション的行為が素晴らしいのは、相互了解に共通の関心を抱く市民らが、対等な立場のもとに討議を行い、その過程において自らの判断や見解を変容させていくものとしてとらえている点である。議論することによってお互いに考えが変わる可能性があるということだ。この点にこそ対話をする意義があるといえる。

ハーバーマスの掲げるそうした議論の作法は「熟議」と呼ばれ、彼自身熟議をベースにした民主主義、熟議デモクラシーの確立を提唱している。私たちもまた、日常の様々な場面で開かれた対話を実践する際、ハーバーマスの思想を参考にすべきだといえる。

▶029

ネグリ

マルチチュード

〈帝国〉に対抗する勢力としてマルチチュードを掲げた

グローバリズムに対抗する人々の連帯を論じるときに有効

Antonio Negri
(1933-)

グローバル時代の共産主義者

イタリアの思想家ネグリは、一言でいうならグローバル時代の共産主義者と形容できるだろう。彼はマイケル・ハートと共に、このグローバル社会における新たな共産主義のあり方を模索している。まさにそんなグローバル共産党宣言ともいっていい記念碑的作品が『〈帝国〉』である。

〈帝国〉とは、かつての帝国主義の帝国とは異なる。また、現実の世界で超大国として振る舞うアメリカを指しているわけでもない。そうではなくて、〈帝国〉とは、君主制的側面、貴族制的側面、民主制的側面を兼ね備えた混合政体なのだ。

君主制的側面とは、アメリカを頂点とする軍事機構や、ＩＭＦ、ＷＴＯといった経済制度を指している。貴族制的側面とは、Ｇ８や国連の安全保障理事会、多国籍企業を指している。これに対して、民主的側面とは、ＮＧＯのようなグローバルな民衆を指している。

このグローバルな民衆のことを、ネグリらは「マルチチュード」という概念で再定義す

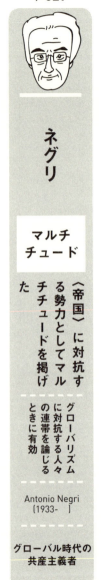

ることによって、〈帝国〉に対抗する勢力として位置づけようとしたのである。マルチチュードとは、もともとはスピノザに由来する多数多様性を意味する概念だという。さらにマルチチュードは、様々な差異からなる活動でもある。

そういうと、共産主義革命を担う労働者を想起するかもしれない。しかし、マルチチュードは、そのような産業労働者とは一線を画する存在なのだ。ネグリらは、産業労働から非物質的労働への移行を強調している。いわばそれは、産業労働者階級からマルチチュードへという主体の移行にほかならない。

したがって、**マルチチュードを構成するのは、産業労働者だけではなく、学生や失業者、女性、移民、外国人労働者など、あらゆる階層**なのだ。インターネットでつながった反政府を掲げる民衆を想起してもらえばいいのではないだろうか。

だからこそ、マルチチュードは、常に多数多様でありながらも、共同で活動することができるのである。それは自律性と協働性の連結であり、その内部の差異による共有のもの、コモンの創出を意味している。

ネグリらのマルチチュードの概念は、グローバリズムに対抗する人々の連帯を論じる際に有効な視座を提供してくれるものであるといえる。

メイヤスー

思弁的実在論

カント以来の相関主義を否定し、そこから偶然性の必然性を導き出した

世界を認識するための新たな視点を得ることができる

Quentin Meillassoux (1967-)

思弁的転回の旗手

フランスの哲学者メイヤスーは、「思弁的転回」と呼ばれる哲学における最新の潮流の旗手だといっていいだろう。今哲学の世界には、この10年ほどの間に大きなインパクトを及ぼしつつある新たな潮流が生起しつつある。

その一つでもある、思弁的実在論という言葉が出てきたのは、２００７年にイギリスのゴールドスミス・カレッジで開かれたワークショップがきっかけのようだ。そのときのオーガナイザーの一人がメイヤスーだったのだ。

メイヤスーは、主著『有限性の後で』を発表し、一躍注目を浴びることとなった。ここでメイヤスーは、相関主義という概念を提起した。これは思弁的転回の潮流に共通するキーコンセプトだといっていいだろう。

相関主義とは、物事が人間との相関的な関係によってのみ存在しうるという考え方であるといえる。たとえば人間に見えるからそこに存在するとか、人間にとって硬いから硬いんだというような発想だ。すべての物事を人間中心に考えるとらえ方といってもいいだろう。

哲学の世界では、長らくこの相関主義を前提としてきた。ところが、メイヤスーはその前提に異議を投げかけたのだ。相関主義を前提にすると、人間が認識できないものは、思考できないことになる。その思考できないものをカントは「物自体」と呼んだ（75ページ）。

コップは人間が見たりさわったりできる範囲では認識できるけれど、理屈で認識できない範囲になるともう知り得ない。つまり、それがコップの物自体となる。いわばメイヤスーは、相関主義を批判し、そこから抜け出ることによって、この物自体を思考する可能性について証明しようとしたわけである。

ここでメイヤスーは、逆転の発想で、むしろ相関主義を徹底することによって解決を図ろうとする。人間中心に考える相関主義を徹底すると、人間には思考不可能な部分が必ず出てくる。そうすると、この世の中には人間の知らない部分が存在することになる。もしかしたら、この世界も今あるような形ではなくなってしまう可能性だってあるだろう。**この世界がまったく偶然的に、別の世界に変化する可能性がある**ということだ。

かくして『有限性の後で』の副題にある「偶然性の必然性」ともいうべき事態が生じることになる。このように思弁的実在論は、私たちに世界を認識するためのまったく新しい視点を提示してくれているといっていいだろう。

21世紀の問題に対峙する

AI、バイオ、テロ……etc.

Chapter

3

本章の活用方法について

ここでは、21世紀の諸問題に対峙するための哲学を紹介したいと思う。テクノロジーの飛躍的な発展に伴い、これまで人類が経験したこともないような深刻な問題が多々生起している。また、従来世界が抱えてきた問題についても、ついに行き着くところまで行き着き、暴発寸前の段階にあるといっていい。

前者の問題として、AI、インターネット、監視社会、バイオテクノロジー、環境問題が挙げられる。後者の問題として、資本主義、グローバリズムとナショナリズム、宗教対立、テロ、ポピュリズムが挙げられる。

これらの問題に対しては、もちろんそれぞれの分野の専門家が、専門の視点で解決策を模索している。しかし、それらがうまくいっていないのには、なんらかの理由があるはずだ。それは本質にさかのぼって議論するということの欠如ではないだろうか。

あらゆる問題には原因がある。その原因のさらに奥までさかのぼることで、はじめて解決策は見えてくるといっていい。そこで、本章では先に挙げた10の問題について、各々本質にさかのぼることで、私なりに解を模索してみたい。

その際、できるだけ新しい議論を紹介したいと思う。ただ、それらの議論は必ずしも狭義の哲学の分野の議論とは限らない。現代的問題は分野横断的であったり、専門性が求められたりするため、哲学的視点といえども、哲学以外の専門家によって議論がリードされることが多いのだ。その部分についてはぜひご理解をいただきたいと思う。

むしろここで紹介している論者たちのほとんどは、いわゆる哲学者の看板を掲げてはいない。これもまた現代社会の特徴といっていいだろう。哲学者が論じるから哲学になるのではなく、哲学的視点こそが大事なのだ。たとえば、ＡＩの問題についてはＡＩの専門家抜きに議論はできない。仮にそれが哲学的議論であったとしてもだ。

そして、以下の議論を参考にして、皆さん自身が日々更新される新しい情報をもとに、さらにこの先を考えてもらいたいと思う。本章はそのための導入にすぎない。それでは始めよう。

001

AI

人間と機械はどう違う？

ＡＩ（人工知能）の進化には目覚ましいものがある。今やＡＩはあらゆる分野で未来を切り拓く期待の星であるかのように扱われている。とりわけ、ディープラーニングという技術が開発され、ＡＩが人間と同じように知識を応用していける学習方法を身につけたことで、彼らが人間以上の能力を持つ日の到来が現実的になってきた。しかしそうなると、未来は必ずしもバラ色とは限らなくなる。

なぜならＡＩが人間を支配する可能性が生じてくるからである。そこまでいかなくても、少なくとも人間の存在意義が問われてくるのは時間の問題だ。現に仕事を奪われる恐怖にさいなまれている人たちはたくさんいる。はたして、人間とＡＩはどこが違うのだろうか。

この点について、フランスの哲学者ルネ・デカルトは、すでに17世紀に著書『方法序説』の中で、明確に人間と機械人間の違いを指摘していた。つまり、**人間の頭が普遍的な道具であるのに対して、機械は個別的な配置を要するものとして区別できる**というのだ。この場合、普遍とはどこでもなんでも当てはまるということを意味するのに対し、個別とはある事柄にしか当てはまらないということを意味する。

したがって、人間の頭が普遍的であるというのは、万能で無限であることを意味するわけである。これに対して、論理的に機械のほうはどこまでいっても個別の集合にすぎない。デカルト以来、私たちはずっとこの考えに則って、ロボットと付き合ってきた。個別の集合にすぎないロボットは、たとえそれがＡＩなどと呼ばれるようになった後でさえ、いわば人間の家来であり、道具だと考えるのは無理もない。しかし、事情が大きく変わってきたのだ。

シンギュラリティの到来

ＡＩはこれまでのロボットとはわけが違う。人間より優秀なのだ。そうなると、家来や道具に甘んじているわけがない。では、共存関係を模索するのはどうか？　人間は創造性の部分を担うのだ。

ただ、ロボットが意識を持ち出すと、そのような都合のいい役割分担に同意するとは思えない。ＡＩは私たちの想像をはるかに超えて、指数関数的に進化していくという。フユーチャリストのレイ・カーツワイルは、『シンギュラリティは近い』の中でそうした未来を明確に描いてくれている。そのターニングポイントとなるのが、技術的特異点、いわゆるシンギュラリティにほかならない。

カーツワイルによると、シンギュラリティとはロボットが人間の思考力を追い越すという単純な話ではなくて、人間がこれまで生きてきた世界が変わることを意味しているのだ。**人間とは何かという定義や、世界のルールがすべて変わってしまう**ということだ。

カーツワイルは、そんな現実が２０４５年にも訪れると予測する。ロボットという存在が人間と同じように意識を持てば、もはや人間がロボットをコントロールすることなどできなくなるだろう。

機械に意識はあるか

とはいえ、シンギュラリティが訪れたからといって、本当にロボットが意識を持つなどと誰が証明できるのだろうか？　ここで参考になるのが、哲学者のダニエル・デネットの議論だ。彼は、人間もヘモグロビンや抗体、ニューロンから構成されるロボットだという前提のもと、著書『心はどこにあるのか』で次のような議論を展開する。

　それによると、人間もある意味で細胞からできたロボットと同じであるにもかかわらず意識を持った存在なのなら、ロボットだって意識を持ちうるということになる。それでもまだこう反論する人がいるかもしれない。人間のいう意識と、ロボットが持つという意識は別物だと。

　この問いに答えるには、人間の意識がどんなものなのか正確に客観的に記述する必要があるが、それは不可能だ。なぜなら、意識がその個体の自己認識である以上、というかそう定義する以上、決してその個体以外の者には本当の中身は知り得ないからだ。つまり、意識とは客観的記述が不可能なものなのだ。だから**他の人間に意識があるかどうかも本当は私たちにはわからない**。

　ということは、相手が機械であれ人間であれ、物理的に人間と同じ構造を持ち、そのうえで自分には人間としての意識があると主張する以上、他者は皆その主張を認めざるを得なくなる。つまり、結論的には、機械は意識を持ちうるということになるのだ。そうなると、機械は自我を持ち、自分というものを主張し始める。そう呼ぶのが適切かどうかは別として、「人権」さえ主張し始めるだろう。人間対機械の飽くなき闘争が幕を開けるわけである。

人間と機械の共存のために

ここで先ほどの論点に立ち返りたい。ロボットをどうコントロールするか。意識があるなら、理屈も通じるだろうと考えたくなるのが人間だ。話せばわかるはずと。実際、そのような認識から、従来のロボットに関する倫理を高度に発達したＡＩにも適用しようという考えはある。従来の倫理というのは、アメリカのＳＦ作家、アイザック・アシモフが掲げた次の**「ロボット三原則」**のことだ。

一、ロボットは人間に危害を加えてはならない。また、何もしないで人間が危害を受けるのを見過ごしてはいけない。

二、ロボットは人間の命令に従わねばならない。ただし第一原則に反する命令はその限りではない。

三、ロボットは自らの存在を守らねばならない。ただし、それは第一、第二原則に違反しない場合に限る。

つまり、ロボットは人間を優先するという最低限のルールだ。しかし、事態は根本的に異なることに多くの人がまだ気づいていない。

「人間のために」は通用しない

認知ロボット工学の専門家マレー・シャナハンは、これから起こるべき事態の本質について、『シンギュラリティ』の中で次のように指摘する。「われわれはまず、ＡＩをややもすると擬人化し、感情のような主に人間的な原動力に動かされる存在であるかのように見ようとする癖からいったん逃れる必要がある」と。

このシャナハンの指摘は、超知能ともいうべきシンギュラリティ後のＡＩを語るうえで、欠かすことのできない視点である。私自身、この指摘にはハッとした。**ＡＩが人間と同じ思考パターンを手に入れたからといって、人間と同じような常識を持つとは限らない。**いや、むしろそうなる可能性のほうが圧倒的に低いといえるだろう。なぜなら、彼らの目的は、まさに目的の達成なのだから。しかもそれを徹底的に行おうとするはずだ。

シャナハンがペーパークリップの例を用いて戯画的に描いているように、クリップが必要なら、地球を破滅させてでもクリップを増やすことだって考えかねない。なぜなら彼らにとって、「すべては人間のために」などという目的は、決して暗黙の前提ではないのだから。

それに、最初は人間と同じ思考パターンを手に入れて発展するかもしれないが、そのうち別の思考パターンを見つけ出す可能性も大いにある。実際、ＡＩ同士が会話をする実験を行ったところ、人間には理解できないルールを採用し始めたため、急きょ中止するという事態も生じている。

つまり、こうなるともう、**人工知能は人間にとって計り知れない知的生命体と化す**わけである。その祖先は人間が生み出したものかもしれないが、彼らがいったい何を考えているのか、何をし始めるのか、私たち人間には皆目見当がつかないのだ。

このようなことをいうとすぐに、杞憂だとか、実証されていないなどと非難される。しかし、シャナハンは、可能性がゼロではない限り、そしてそのわずかな可能性が引き起こす結果が甚大なものである限り、私たちは備えなければならないという。確かに、備えることで問題を未然に防げるなら、それに越したことはない。

哲学は机上の空論で役に立たないと揶揄されがちだが、実証に制限されない分、様々な視点から問題を考えることができる柔軟性があるともいえる。未知の問題だからこそ、専門の科学技術だけでなく、哲学も含めた幅広い視点でアプローチしていくことが求められるのではないだろうか。

002
インターネット

インターネット普及の功罪

インターネットはＡＩより一足先に、私たちの生活を激変させている。この数十年の間に、魔法の箱だったパソコンは家電並みの便利なツールになり、もはやインターネットはこの世のあらゆる問題を解決する救世主であるかのように思われている。

ところが、シリコンバレーの内部からデジタル革命を批判しているアンドリュー・キーンは、近著『インターネットは自由を奪う』の中で、インターネットを痛烈に批判している。つまり、**インターネットは、問題の解決策どころか、逆に解決しなければならない重要課題だ**というのである。

確かに、インターネットがグーグルやFacebookのような超勝ち組を輩出する一方で、そこから搾取される多くのネットユーザーという構図を生み出してしまっているのも否定できない。だからキーンは、多様性、透明性、開放性を売りにしているように見えて、本当のところインターネットは、排他的、不透明、不平等な存在だと喝破するわけである。経済的な不平等だけではない。インターネットはいまや犯罪の温床となっている。個人も組織も国家でさえも、インターネットを介して犯罪の被害に遭っているのである。皮肉なことに、インターネットを可能性のあるインフラとして使い始めたことで、新たな攻撃の可能性も高めてしまっているのだ。サイバー攻撃がそれである。

さらに、道徳的な問題も生じている。インターネット上でのアイデンティティと現実社会でのアイデンティティに乖離《かいり》が生じてしまっている人の例はその一つだ。そこでキーンは、インターネットをもっと公正な、よい場所にするためには、規制を設けることが最も効果的であると主張する。

規制すればいいというものでもない

ただ、ここで気をつけなければならないのは、インターネットのよさは規制が緩やかであった点に負っているという事実だ。なぜインターネット上でこれだけのイノベーションが生まれてきたのか。それは現実社会と異なり、まだルールが厳格に定められていなかったからにほかならない。だからこそ問題が生じてきたわけだが、それを厳格に規制していくとなると、もはやインターネットのよさは失われてしまうのではないだろうか。

したがって、その点に注意しながら、いかにしてインターネットを規制していくかが課題となってくる。インターネットの問題は、二つのベクトルによって象徴されるように思われる。それは**「つながり」**と**「閉じこもり」**の二つである。インターネットはつながりすぎともいえるほど、人々や物や情報をつなげ続けている。と同時に、私たちをごく狭い世界に閉じこめてもいるのだ。

「つながり」 過剰結合と思考感染

前者の問題を指摘するのが、『つながりすぎた世界』の著者ウィリアム・H・ダビドウである。彼はインターネットによって世界が制御不能な状態で結びついた状態を「過剰結合」と呼んで非難する。なぜなら、それによってデマや風評が瞬く間に広がって、世界規模の金融危機に至ることさえあるからである。そのうえで、そうした強欲やデマの広がりは「思考感染」であるとして、警鐘を鳴らしている。

インターネットが世界をつなげたのは間違いない。ただ、それが制御不能な場合、つながりは一気にカオスと化す。その中を**なんの信憑性《しんぴょうせい》もない情報が瞬時に駆けめぐり、数十億の人間が瞬時にそれに反応する**という危うい事態が生じてしまうのである。

ＳＮＳによる国家の革命や民主化運動の高まりは、こうした過剰結合の賜物であるといってよい。ただし、その背景には危うさが潜んでいることも忘れてはならないのである。昨今のフェイクニュース現象は、思考感染そのものだといっていいだろう。では、私たちはいったいどうすればいいのか？

ダビドウは、過剰結合状態から高度結合状態に戻さなければならないとして、次の三つのやるべきことを提案している。①正のフィードバックの水準を下げ、それが引き起こす事故を減らし、思考感染を緩和し、予期せぬ結果を全体的に減らす。②より強固なシステムを設計し、事故が起きにくくする。③すでに存在する結びつきの強さを自覚し、既存の制度を改革してより効率的かつ適応度の高いものにする。

つまり、①はインターネット以前の問題で、そもそも物事が過剰な状態にならないように制限をするということである。②は文字通り強固なシステムを作るということ。③はインターネットの過剰結合を前提に、むしろ社会の仕組みを変えていくしかないということである。

「閉じこもり」　フィルターバブル

次に、もう一つのベクトルである「閉じこもり」の問題について考えてみたい。これについては、イーライ・パリサーが著書『フィルターバブル』で指摘している問題が深刻である。

インターネットを使えば使うほど、その人の情報はサイトに把握され、その人の求めるであろう情報が表示されるようになってくる。自分が一度検索した商品の広告が出てくるのはまだわかりやすいが、検索した情報そのものが、すでにそうした過去のデータによってフィルターをかけられたものであった場合には、もはや気づくことさえないだろう。同じ検索エンジンを使って、同じ言葉を検索しても、実は自分と他者とでは出てくる情報が異なっているのだ。

パリサーはこれによって、①一人ずつ孤立しているという問題、②フィルターバブルは見えないという問題、③フィルターバブルは、そこにいることを我々が選んだわけではないという問題を生むと指摘する。これらが「閉じこもる」という問題なのである。

では、どうすればいいのか？　これについてパリサーは、個人、企業、政府のそれぞれにできることを提案している。たとえば、個人は自ら意識して行動パターンを変えるべきだという。そして企業は、フィルタリングシステムを普通の人にも見えるようにすべきだとする。政府は企業が自主的にはできない部分をきちんと監視すべきだという主張だ。

フィルターバブルに関しては、**大企業や一部の人間が個人を操るような状況を作り出す**点に最大の問題がある。なぜなら、それによって個人の自由な発想が潜在的に削《そ》がれてしまうからだ。パリサーもセレンディピティという言葉を好んで使っているのだが、インターネットのダイナミズムは、偶然の出会いを意味するセレンディピティに負うところが大きい。フィルターバブルはそれを奪ってしまうのである。その点で、パリサーの挙げる対応策は、いずれも必要なものだといっていいだろう。

結局、インターネットがインフラになり、もはやそれが特別なものとはみなされなくなったこの社会においては、インターネットの規制も特別なものではなくなるということだろう。だから規制というよりも、むしろインターネットを使う際の倫理を充実させていくことこそが望ましいといえる。

003

監視社会

パノプティコンを超えて

今、超監視社会ともいうべき事態が生じている。近代以降問題になってきた監視社会は、インターネットの進化もあって、もはや従来の監視社会の範疇をはるかに超えた諸問題を生み出してしまっているのである。そこで、まずは近代型の監視社会のモデルともいうべきパノプティコンの話から始めたい。

パノプティコンとは、Chapter 2でも紹介した通り、イギリスの功利主義の思想家ジェレミー・ベンサムが考案した刑務所のアイデアのことで、「一望監視装置」などと訳される。これをフランスの思想家ミシェル・フーコーが、**近代社会にはびこる権力による監視**を暴露するために用いたわけである。

パノプティコンの仕組みはこうだ。中央には監視塔があり、その周囲に円環状に独房が配置されている。ここに工夫がされていて、監視塔から独房は見えるけれども、独房の側からは何も見えないようになっている。こうして、監視塔にいる看守はすべての囚人の動きを見られるのに対し、独房にいる囚人には看守が何をしているかわからないという状況が作り出される。

だから囚人たちは、実際には看守が見ていないとしても、常時規律を守って生活するようになる。監視されているという可能性を囚人が常に意識し、自動的に従順な「従属する主体」となるわけだ。権力は囚人自身の手によって深く内面化されていく。

さらにフーコーは、パノプティコンの原理に見られる規律・訓練権力の作用が、単に監獄という制度に局限されるものではなくて、近代社会の隅々まで及んでいると考える。国家はもちろんのこと、学校、工場、仕事場、病院、軍隊などの人が集まって何かをする場すべてに。

これに対して、現代社会になるにつれ、個人の権利は向上し、私たちはジョージ・オーウェルが『1984年』で描いた独裁者、ビッグ・ブラザーのごとき存在に監視されるだけの「従属する主体」ではなくなっていった。

とりわけ先進国では、資本主義の発達が消費社会をもたらし、ある意味で従属を嫌う個人を生み出していったように思われる。少なくとも私はそのような印象を抱いていた。だから監視社会はもう過去のものになったと思い込んでいたのだ。

ハイパー監視社会の到来

ところが現実は違っていた。テクノロジーが新たな監視社会を生み出していたのである。私たちの知らない間に。それは超監視社会とも呼ぶべき事態にほかならない。コンピュータ・セキュリティの権威ブルース・シュナイアーは、今いったい何が起こっているのか、著書『超監視社会』の中で詳細に報告してくれている。

つまり、**政府と企業は、私たちがデジタル化された人生を生きる過程で生み出す大量のデータを収集、保管、分析している**というのである。そして多くの場合、本人はそのことを知らず、ましてやそれに同意してもいない。

まさにこれは元CIAの分析官エドワード・スノーデンが告発した大量監視の実態にほかならない。スノーデンは、アメリカ政府による大量監視を告発した。国家が世界中のネットユーザーの一挙手一投足を監視しているのが現実なのである。しかしそれを超えて、シュナイアーは、企業もまた、ネット上で私たちが何かにアクセスするたび、そのデータを蓄積していくというのである。

確かにアマゾンは誰よりも私が欲しい本を知っているし、Facebookは誰よりも私の交友関係を知っている。グーグルは私の性格を私以上に知っていることだろう。この大量監視こそ、超監視社会の本質なのだ。

知らずにコントロールされる社会

誰かが自分も知らないようなすべての情報を持つとき、何が一番問題になってくるのだろうか。シュナイアーが指摘するのは、コントロールの問題だ。

広告によって購買行動をコントロールするだけでなく、選挙の際の投票行動までコントロールすることが可能になっている。当然プライバシーも侵害される。しかも、データが蓄積されるのだから、今だけでなく、永久に。

たとえば、いきなり過去の汚点をさらけ出される可能性が常にあるというわけだ。その結果、私たちは常にびくびくして生きていかなければならなくなるだろう。

この大量監視社会が生み出す不安の本質について議論しているのが、ジグムント・バウマンとデイヴィッド・ライアンによる『私たちが、すすんで監視し、監視される、この世界について』という共著書である。ライアンは、バウマンの提起した「リキッド・サーベイランス」という概念を支持し、現代の監視社会がポスト・パノプティコンの段階にあると指摘する。

リキッド・サーベイランスというのは、バウマンのいうリキッド・モダニティ（流体的近代）の時代に対応する監視の形だったといってよい。いわば固定化されていた社会の枠組みが液状化して不安定になる中で、個々人がiPhoneやiPadなどの携帯端末を持つことによって、管理者などいなくとも自己監視の役割を引き受けている事態を指す。

そうした事態が進展することで、**私たちは知らず知らずのうちに大量監視の対象になってしまう**のである。そして、その恐るべき事実に気づいたとき、途端に不安を抱えることになる。

この不安の本質について、ライアンは次のように分析している。つまり、安全を求めるがゆえに私たちは監視を強化するのだが、そのせいで不安全（insecurity）ともいうべき不安を抱えてしまっているというのだ。バウマンはこの状態を「セキュリティ中毒」と揶揄する。私たちはセキュリティを求めすぎることで、自由を失っていることに気づかなくなってしまっているのである。

では、安全を放棄することなど不可能な私たちは、いったいどうすればいいのか。今の私たちの社会では、安全と自由の二者択一の中で安全が選ばれているといってよい。しかし、自由を失うことで生じる不安全が、かえって人々を不安にさせているのだ。この矛盾を解決する必要がある。

自由が守られてこその安全

もちろん、プライバシーなど気にしないようにすれば、ある程度は不安を払拭《ふっしょく》することは可能だろう。いわば開き直りだ。現に、最近の若者の中には、そうとしか思えないようなプライバシーの開示をする者たちがいる。いわば彼らは、自由の概念を変更することで、不安を無化する提案をしているかのように思われる。

確かに、誰もが見られ、見ることのできる社会において、それでも自由に生きていくには、気にしないのが一番だ。もう少し高尚な言い方をするなら、寛容になるのが一番なのだ。このプライバシーなき時代に、窒息せずに生きていくためには、見られることに寛容になり、同時にまた見ることにも寛容になる必要がある。つまりそれは、見ることを自制するということだ。

しかし、見られることに寛容になるというのは、誰もができることではない。公人でさえ、すべてをさらけ出すことはできないだろう。それにこうした戦略は、権力の暴走には無力だ。権力は、見ることを自制してくれない。共謀罪に対する国民の懸念もここにあるといえる。見られることを気にしないようになったとしても、それをもとに嫌疑をかけられるとするなら、もはや自由を守ることはできないのだ。

結局、安全と自由を二項対立的に考えている限り、私たちはこのいずれかを犠牲にせざるを得ないのである。したがって私たちは、このジレンマから脱しなければならない。つまり、大量監視時代に生きる私たちは、自由こそを重視しなければならないということだ。なぜなら、少しでも妥協すれば、もうそれを失ってしまうことになるのだから。**自由なくして真の安全はない**のである。

004 バイオテクノロジー

トランスヒューマンの誕生

バイオテクノロジーの世界も急速な進歩を遂げている。中でも哲学の世界で議論がされているのは、人間に対する適用である。たとえば、クローン人間やデザイナーズベイビーのように。最近では、従来の人間の身体能力を超えることを肯定するトランスヒューマニズム（人間超越主義）が問題になっている。

そもそも身体とは何か？　人間は身体を持った存在である。にもかかわらず、哲学の世界では意識ばかりを論じ、身体の存在をあまりにも軽視してきた。その元凶はフランスの哲学者デカルトにあるといっていいだろう。

彼は心身二元論を唱え、意識の意義を重視するあまり、身体は他の物と同じ単なる延長にすぎないと主張したのだ。以後、それが哲学の世界では身体論のスタンダードになってしまった。

哲学の世界だけではない。人々は、あらゆる分野で身体の重要性をないがしろにしてきたのだ。だから平気で身体を酷使できたのだろう。それが原因でうつになったり、過労死したりしているにもかかわらず。

ようやく私たちが身体の意義に着目し始めたのは、現代になってからである。初めて身体を本格的に哲学の主題に据えたのは、フランスのメルロ＝ポンティ（94ページ）だといわれる。彼は意識と世界をつなぐインターフェイスとして身体をとらえた。

ということは、身体が進化すれば、世界が変わるということを意味するのだ。実際、人間は身体を進化させ続けてきた。より優れた身体になるように。そうした思想を**優生思想**という。

悪名高いのは優れた生であることを強制するナチスの思想だが、それだけではなく、自分から進んで進化しようとする優生思想もある。スポーツの世界におけるエンハンスメントはその一つだといっていいだろう。薬物を使ったり、身体に直接手を加えたりして、身体能力を増強するのである。

身体の進化から世界を考える

こうした傾向には批判はあるものの、今や必然的に私たちは日々身体を増強している。それは医療の発達によるものである。そこで、スウェーデン出身の哲学者ニック・ボストロムは、トランスヒューマニズム（人間超越主義）を掲げている。彼は世界トランスヒューマニスト協会を創設し、この分野の議論を牽引している人物である。

人類は科学によって身体能力を飛躍的に拡張する可能性を持つようになった。したがって、**みんなが進化するなら、何も悪くないはずだ**というのだ。確かに、医療を批判する人はいないだろう。現代社会においては、その延長線上に身体の進化を位置づけることができる。

そこで私たちが考えなければならないのは、身体の進化に伴って立ち現れる新しい世界との対峙の仕方だということになる。そうした新しい世界のルールをいかに作り、そこでいかに生きていくかだ。世界の意味が変われば、当然その中でどう生きるかも変わってくる。たとえば、誰もが鳥のように空を飛べるようになれば、空をどう飛ぶかという交通ルールを作る必要が出てくるだろう。

そんなポストヒューマンとも呼ぶべき新しい人間が登場する前に、私たちはもっと基礎的なルールについて確認しておく必要がある。新しい世界を受け入れるための条件に関する合意といってもいいだろう。

トランスヒューマン実現三つの条件

これについてボストロムは、「トランスヒューマニストの価値」という論文の中で、トランスヒューマニズムのプロジェクトを実現させるために、次の三つの基本的条件が必要だといっている。

一つ目はグローバル・セキュリティである。具体的には、もともと地球にあった知的生命、つまり人間の存在の危機だけは避けなければならないということだ。

二つ目は、自明のことながら科学の進歩である。しかもそれは経済成長と深く結びついている。

そして三つ目は、広いアクセスだ。トランスヒューマン実現のためには、誰もがポストヒューマンになれることが重要なのだ。それこそが、トランスヒューマニストの価値における道徳的切迫性の基礎になるという。つまり、国籍や経済的状況にかかわらず、誰もがポストヒューマンになれる機会が与えられる必要があり、そのためには広いアクセスが不可欠だということである。

トランスヒューマンが当たり前の時代になるまで、まだもう少し時間が残されている。これが**新たな優生思想にならないようにする**ためにも、私たちは議論を尽くし、万全の体制を整えておかなければならない。人間の身体の未来を明るいものにするか、暗いものにしてしまうかは、そうした粘り強い議論ができるかどうかにかかっている。

アートから生命を考える

バイオアートとは、その名もずばり『バイオアート』という本の著者ウィリアム・マイヤーズによれば、生物学を表現メディアとしたアート作品を通して、生物学自体の意味や自然の変化に目を向けるものだという。それによって、私たちが共通に持っている自然、環境に対する倫理観をシフトさせるのだ。

その背景には、環境破壊、生物絶滅、異常気象といった悲劇的な状況に対する危機意識が横たわっている。つまり、バイオアートは極めて前衛的な手法で、問題提起を行わんとする試みなのだ。

人間を含む生物に対する危機を、バイオテクノロジーを用いて、アートの形で衝撃的に表現する。それによって問題提起を行っているのだ。たとえば、同書で紹介されている作品の一つに、アンネ・ヘンドリクスの「The Incredible Shrinking Man」（驚異の縮みゆく人間）がある。これは、人間を平均身長50センチに縮小するアイデアである。これによって人口が90億にも達するといわれる世界の中で、私たちがうまく共存していけるというわけだ。

私が、バイオアートを哲学の議論の対象にしようとするのは、これらが単なるシミュレーションで終わるのではなく、実際に研究者との協力体制のもとリサーチプロジェクトとして制作されるからだ。つまり、**テクノロジーで実現できる未来を先取りし、私たちに提示してくれる**のがバイオアートなのだ。

マイヤーズは、テクノロジーの発展から生じる倫理的な問題を速やかに解決しておかないといけないと警鐘を鳴らす。こうした技術は、いずれ誰かが成功し実用化されるかもしれない。しかし、それではもう遅いのだ。そうならないように、アーティストが作品を通じて、しっかりと円熟した見解を持つことを迫り、今何が本当の危機なのかを明確に示してくれるというわけだ。

彼らはアートを通して、私たちの想像もできない未来を見せてくれている。哲学もこうしたアクションに呼応して、積極的に未来を考えていく必要があるだろう。

005 環境問題

人間中心か自然中心か

どんな分野にも環境という視点が求められる時代だ。エネルギー政策を考える場合はもちろんのこと、学術研究、教育、産業、ビジネス、地域活動からまちづくりまで、自然に配慮して行動するという環境倫理が求められる。

これまで環境倫理については、常に**二項対立**で議論されてきた。人間中心主義か自然中心主義か、生物資源を功利主義的に評価するのか生物の内在的価値を見出そうとするのか、経済学重視か生態学重視か、経済学の中でも新古典派経済学かエコロジー経済学か等々。

実に様々な角度から対立を描写することが可能なわけだが、やはり単純にいうと、人間か自然かということになると思われる。その典型は、ノルウェーの哲学者アルネ・ネスが提起した、エコロジー運動におけるシャロー・エコロジーとディープ・エコロジーの二つの概念の対立だろう。

シャロー・エコロジーというのは、環境問題を単なる環境汚染と資源枯渇の問題として位置づけ、この問題を法規や制度などの技術的手段によって解決していこうとする立場だ。そこでは、あくまでも人間による物質的発展の継続が前提とされている。

これに対してネスは、『ディープ・エコロジーとは何か』の中で、自然を人間と同列にとらえるディープ・エコロジーを提唱している。ディープ・エコロジーは、環境問題を単に技術的に解決しうるもの、あるいは技術的に解決すればよいものとは考えない。人間と自然との関係性について再考を迫るほどの根本的な意識改革を求める立場である。

ディープ・エコロジーの理想

ネスによると、すべての生命は生き栄えるという権利を平等に持っている。したがって、私たち人間には、自然の持つ多様性と共生を損なうあらゆる問題に取り組むことが求められるというのだ。つまり、ここでは人間と自然の関係の平等性が主張されている。

シャロー・エコロジーが人間中心主義に基づいているのに対して、ディープ・エコロジーはその関係性に逆転をもたらそうとするわけである。なぜなら、人間と自然を平等に扱うということは、**実質的には自然のために人間が譲らなければならない**からだ。それは、必然的に自然の優位を意味する。現に、過激な環境保護団体が捕鯨を阻止したり、住民が開発のための工事に反対したりする場合、自然は保護されるが、人間は我慢しなければならない。

ただし、環境保護が大事だとわかってはいても、こうした二項対立的な発想では、どうしても解決を導くことはできない。環境問題はいつも二つの立場が衝突し、感情がぶつかり合うだけの場になりさがってしまうのだ。それでは両者にとっていいことは一つもないし、環境そのものにとっても不幸である。とりわけ3・11の福島第一原発の事故以来、原発をめぐる環境の議論が、この種の衝突の典型になってしまっている。

いかに行動に移していくか

もちろん、ディープ・エコロジーもネス以降発展を試みている。決して高い理想を掲げて満足しているだけではないのだ。たとえばアメリカの哲学者デイヴィッド・ローゼンバーグは、ネスに促され、ディープ・エコロジーのプラットフォームについて新しい提案を行っている。

そこでは生命、自然、自然と人間、疎外幻想、外的変革、内的変革、新しいものの見方の普及に関して七つの原則が掲げられている。

生命に関しては、「すべての生命には固有の本質的価値が存在する」と謳《うた》われ、あるいは外的変革に関しては、「外に向け、わたしたちは社会の基本構造とそのような社会を作りあげている政策を変革しなければならない」と謳われている。そのうえで行動を呼びかけるのである。

ローゼンバーグ自身も認めているように、これらの原則そのものはいずれも一般的な内容であるように思える。しかし大切なのは、それを一人ひとりがどう受け止め、行動に移していくかである。

この原則の中に変革という言葉が複数回見られるように、環境問題に関しては、実際に行動することが大事なのだ。そのためには、環境倫理も過度に理念的で非現実的なものではなく、より実践的で現実的なものへと展開していく必要があるだろう。

環境プラグマティズムの登場

そこで着目したいのが、アメリカの哲学者、ブライアン・ノートンの環境プラグマティズムである。プラグマティズムとは、アメリカ発の哲学で、実用主義と訳されるように、実際にやってみてそれでうまくいけば正しいと考える立場だ。言い換えると、漸次的に物事を進め、徐々に改善しつつ最適解を求める思考法である。

それを環境の議論に適用したのがこのノートンの哲学だといっていい。ノートンは環境問題につきまとってきた二項対立を乗り越えるべく、プラグマティズムによって解決を模索する。つまり、従来の議論が科学的知識の完全性をめぐって対立を繰り返してきたのに対し、それでは埒《らち》が明かないので、政策立案に関してはそこを度外視しようというわけだ。

確かに科学的証明をめぐって議論を始めると、神学論争のごとき泥沼に陥ることが往々にしてある。そこでノートンは、**不完全な科学的知識に直面しても決定がなされなければならない**と主張する。その中で、できる限り生物種の保護を目指そうとするのである。

では、この場合どこまで生物を保護することができるのか。これについてノートンは、保護のコストが認容可能なものである限りは、保護しなければならないという。これは非常に現実的な解決の仕方だといえるだろう。あくまで予算の許す範囲で保護すればよいというのだから。

二項対立を超えて

ただ、注意しなければならないのは、ここで予算だけを基準にしてしまうと、それはまた経済中心の功利主義的な立場に偏ってしまう点である。これに対してノートンが持ち出すのが、**「二層アプローチ」**というものだ。

つまり、問題に対して二段階でアプローチしていこうというわけである。具体的には、まず問題そのものを分類し、対象となる領域を整理する。次に、それぞれの問題領域に適用すべき意思決定の原理を特定していく。これによって、問題のスケールの違いに応じた対応が可能になるのだ。

自然は個体レベル、種レベル、生態系レベル等、様々なスケールで記述することができる。そうしたスケールの違いに応じて、どこまで経済的な視点を重視していくのかといった判断をすることが大事なのだ。

たとえば、生物多様性保護の問題を扱うなら、種レベルよりも大きな景観レベルにおける生態系の健全性が求められるというように。しかもその場合の意思決定は、政策決定者だけでなく、科学者や市民も含めた三者の間での**社会的インタラクション**を通じてなされるべきだと、ノートンは強調している。

環境問題は、決して単純な二項対立では解決することができない。そこには、現実的な視点と、丁寧な問題の細分化、そして何よりあらゆる利害関係者の参加が不可欠だ。私たちも常にこのことを念頭に置いておく必要があるだろう。

006

資本主義

進みすぎた資本主義の問題点

グローバル社会の大前提ともいえる資本主義。しかしそこにはいくつかの大きな問題が横たわっている。ここではその中の重要な二つにしぼって検討してみたい。

一つは資本主義の行きすぎが引き起こす道徳的な問題。もう一つは持てる者と持たざる者の差、つまり格差の問題である。

まず道徳的な問題から見ていこう。資本主義というのは、競争によって自由にお金儲けをしていいという思想である。したがって、そうした考えを採用する限り、競争はどんどん激化していく。それは手段を選ばず、可能な限りお金を生み出す仕組みにつながっていくのだ。

もちろん需要と供給が一致する必要があるわけだが、この世の中には色んな人、色んな状況に置かれた人がいるので、マッチングさえうまくやれば、いくらでも新しいサービスを生み出すことができる。

たとえば、健康を損なってでもお金の欲しい人がいたり、逆にいくらお金を出してでも特別なサービスを求める人がいたりする。しかし、そうしたやり取りに、限界はないのだろうか。

需要と供給さえマッチしていれば、どんなやり取りをしてもいいのだろうか。この点、ハーバード大学教授のマイケル・サンデルは、著書『それをお金で買いますか』の中で、そんな疑問を投げかけている。

彼は、共同体における共通善を重視するコミュニタリアニズムという思想の代表的論客である。したがって、サンデルが資本主義の行きすぎに対して投げかける問いは、すべて共同体の共通善を守るという視点を含んでいると思えばわかりやすいだろう。

市場取引に道徳はあるか？

最もショッキングなのは、死亡する確率に賭ける「死亡債」という金融商品の話である。この金融商品は、保険料の支払いを肩代わりしてもらうかわりに、支払者に死亡給付金が入るという仕組みになっている。

サンデルによると、死亡債のような金融商品が存在するのは、人間の営みのあらゆる側面になんでもお金で買えるという市場価値が浸透してしまっているからだという。この現実を変えるために、彼は次の二つの観点から改めて問いかけを行うべきだと主張している。

一つは**「公正の観点」**である。つまり、市場の選択に反映される不平等について問いかけるということである。死亡債の例でいうならば、保険金受領の権利を売るという選択が、貧しい人の場合には自発的なものではないおそれがあるということだ。

もう一つは**「腐敗という観点」**である。つまり、市場関係によって損なわれたり消滅したりする態度や規範について問いかけるのだ。死亡債の市場でいうと、人間をあたかもモノと同じように扱う風潮を助長していないかということだ。

こうした公正の観点と腐敗の観点という二つの視点から市場取引を見直すことで、市場の道徳的限界、いわばお金で買うべきではないものの存在が明らかになる。これに照らして考えると、死亡債は限界を超えているのではないだろうか。

とはいえ、このようにして道徳的な限界を設けたとしても、いくらでもお金を稼ぐことができる人と、そうでない人の差は出てくる。もともと世界には貧富の差があるわけだが、それが今ますます拡大していく傾向にある。持てる者と持たざる者との間の格差についてどう考えるべきか。

格差を縮めるための利他主義

この問題への対応としては、古くはマルクスに端を発する社会主義思想や、その現代版ともいえるトマ・ピケティの『21世紀の資本』のように、資産に課税して平準化を図るという発想がある。

しかし、資本主義を前提にした場合、いずれもなかなか実現は難しいといえるだろう。なぜなら、そもそも資本主義とは、差を作ることで利益を得ようとする考え方だからだ。つまり、平準化の発想そのものが資本主義に矛盾するのである。

では、あくまで資本主義を前提として考えるとき、いったいどのような解決策がありうるのか。そこで参考になるのが、オーストラリア出身の哲学者ピーター・シンガーの「効果的な利他主義」である。

シンガーの著書『あなたが世界のためにできるたったひとつのこと』によると、効果的な利他主義とは、「私たちは、自分にできる〈いちばんたくさんのいいこと〉をしなければならない」という考え方だという。

たとえば、人助けをする場合、一番効果的な方法を取らなければいけないということだ。慈善団体のスタッフとして働くのと、いい会社に入ってお金を稼ぎ、その一部を寄付するのとではどちらがいいかと、シンガーは問いかける。普通は、人助けをしたいならNGOなどの慈善団体で働けばいいように思うが、効果的利他主義によるとそれは正しくないということになる。

なぜなら、たくさん稼いでたくさん寄付するほうが効果的だからだ。もし誰もがこの思想に基づいて寄付を始めたら、資本主義を前提としつつ、同時に格差を縮めていくことができるのではないだろうか。

おそらくシンガーも資本主義になんの問題もないなどとは思っていないだろうが、貧しい人がそれ以上貧しくならないのであれば、富める人が手を差し伸べることのできるシステムのほうがましだと考えるのである。それに、資本主義がだめだからといって、他に代替手段はないともいう。

シェアリングエコノミーの出現

ただ、ここで着目したいのは、資本主義の代替手段になりうる可能性があるシェアリングエコノミーの潮流である。シンガーは代替手段はないと断言しているが、たとえば、文明評論家のジェレミー・リフキンは、『限界費用ゼロ社会』の中でシェアリングエコノミーに高い期待を寄せている。

つまり、ＩＴによって新たに出現した、**共有型経済（シェアリングエコノミー）が資本主義の跡継ぎになりうる**というのだ。そしてこれは19世紀初期に資本主義と社会主義が出現して以来、初めてこの世に登場する新しい経済体制であるという。

確かに、シェアリングエコノミーのパイオニアといってもいいUber（ウーバー）やAirbnb（エアビーアンドビー）は、いずれも巨大企業として利益を上げている。そして彼らだけでなく、この仕組みを使ってサービス提供をしている一般人もお金を稼いでいるし、サービスを受ける側も手ごろな値段でよりよいサービスを受けているのだ。

これまでは資本主義ではないことイコール社会主義を意味したわけだが、シェアリングエコノミーが社会主義の掲げる経済体制とは大きくかけ離れていることは明らかだろう。

雑誌『ＷＩＲＥＤ』の創刊者であるケヴィン・ケリーは、好んで「デジタル社会主義」という言葉を使っている。しかし、ケリーは著書『〈インターネット〉の次に来るもの』

の中で、それがいわゆる社会主義とはまったく異なる種類のものであることを強調している。

シェアリングエコノミーは、国家の枠を超えて、グローバル社会に生起している現象だ。しかもそれは、誰にも統制されることのない個人単位の極端な分散型経済システムにほかならない。だから社会主義ではありえないのだ。資本主義とは異なり、共有という社会主義的な要素を核にしつつも、社会主義に不可欠の中央集権化を忌避するシステム。これはもうまったく新しい第三のシステムであるといっても過言ではないだろう。

シェアリングエコノミーが、本当に資本主義の跡継ぎとなりうるかどうか、それは私たちがどれだけこの潮流にコミットしていくかにかかっているといえる。

007

グローバリズムとナショナリズム

グローバリゼーション五つの課題

一般にグローバリゼーションとは、人、物、金、情報が国境を越えて自由に行きかうことをいう。グローバリゼーションに関する第一人者といってもいいイギリスの政治学者デヴィッド・ヘルドは、グローバル化を**「社会的相互作用の超大陸的なフローとパターンの規模や範囲が広がっているだけでなく、そのインパクトも強まっていることを表すもの」**だと定義している。

そこでは、人々が遠隔のコミュニティと結びつき、世界のリージョンと大陸を越えて関係性を広げている一方で、その程度に変化ないし変容が起こっているという。そんな現象が、情報革命の影響と共に1990年代以降、一気に拡大していったのである。ヘルドは、グローバリゼーションについて五つの課題を指摘している。

①超領域的な重複型権力ネットワークが発生し、主権国家を中心とする原理に圧力と緊張が高まっていること。主権国家は今なお独立して統治を行っているものの、たとえば貿易のための連携組織が国家に圧力をかけることができるように、その独立性が脅かされている。

②そのような状況において誰が誰に対して説明責任を負うかという問題が生じていること。たとえば、軍事同盟を結んでいる相手国が自国以外の同盟国の国民になんらかの権利制限を行うような場合、いったいどの国が説明責任を負うかといった問題が生じるだろう。

③管轄権や政治参加、公共財のただ乗りについて問題が生じていること。管轄権の問題とは、国際機関か国家のどちらが管轄権を持つかという問題、政治参加というのは、たとえば実際にはＮＧＯなどがアクターとして参加しているにもかかわらず、発言権がないといった問題である。公共財のただ乗りというのは、国家を超えた取り締まり機関がないため、たとえば著作権を侵害するような行為が一歩国外で行われるとお手上げになってしまうような事態を指す。

④貧富の差を放置したり、無関心でいることに関する問題。世界には大きな貧富の差が生じているにもかかわらず、それに対して特権階級は無関心なままだという問題である。

⑤政治的アイデンティティのグローバル化が置き去りにされている問題。現実は複数の国家の連合、あるいは国際機関による統治が進んでいるにもかかわらず、個々人は相変わらず国民国家の民としての政治的アイデンティティを有しているため、そこにギャップが生じているのだ。ひいてはそのギャップが、偏狭的なナショナリズムを招く結果になることもある。

今後の国家のあり方とは?

こうした問題があるがゆえに、グローバル化は潜在的に不安定な移行となり、激しい反動を生み出しかねないのだ。そこでヘルドは、**グローバル化を認めつつも、同時に国民国家の役割を重視する。**

つまり、国民国家における主権は、無限で不可分の排他的な公的権力の形態として個別国家に具現されているわけではないのだ。たとえば軍事同盟や国際機関といった多数の連携型の権力中枢と、自由貿易協定や経済協力開発機構などの重複型の経済領域からなるシステムに埋め込まれているのである。

今や権力は、グローバル市場の複合的な諸関係を通じて間接的に行使されている。そしてその場合、民主的責任性とグローバルなガバナンス・システムを構築することによって、グローバルな諸制度が民主的になると同時に、国民国家もまた政策遂行において重要な役割を果たしうるという。ヘルドはその新たな政治形態をコスモポリタン民主政と呼んでいる。

グローバル・シティの台頭

これに対して、世界の大都市に着目してグローバリゼーションを分析しているのが、社会学者のサスキア・サッセンだ。彼女は、著書『グローバル・シティ』の中で、越境する資本と越境する労働力が単に直接出会うだけでなく、世界経済の資本蓄積が行われる最も主要な場として、まさに書名にある「グローバル・シティ」という概念を掲げている。

そこでは、**国家権力に一部取って代わり、世界をコントロールするような意思決定が行われている**という。たとえば、多国籍企業の本社が集中するようなニューヨーク・ロンドン・東京といった都市においては、金融・法律・会計・経営など高度な専門サービスを大企業に提供する企業が集中し、世界中の経済活動を支配・管理している。

その一方で、多くの移民労働者たちが、そうしたフォーマルな経済活動を支えるため、低賃金の雇用契約に基づいてインフォーマルな経済活動を担っているのだ。かくして、世界的な規模で格差が拡大していくことになる。

サッセンの分析は、まさにグローバリゼーションの矛盾した性質を浮き彫りにするものだといえる。少なくともこれまでは、そうした矛盾の上に私たちの経済活動は成り立ってきたのだ。

グローバル疲れの果てに

このグローバリゼーションの経済活動に陰りが見られると主張するのが、フランスの思想家エマニュエル・トッドである。彼は『グローバリズム以後』の中で、経済の側面におけるグローバリゼーションの衰退について論じている。彼の言葉を借りると、「グローバリゼーション・ファティーグ（グローバル疲れ）」が生じているのである。

たとえばアメリカにおいては、そんな自由貿易に対する不満がトランプ大統領を生み出し、保護主義に舵をきらせているというわけである。そしてむしろ国民国家を軸に互いに交渉をしながら、共通の目的を持つ形のほうがいいというのだ。国民国家は国ごとのナショナルな解決策しか出せないわけではないと。

トッドの見立て通り、実際に世界はグローバリズム以後の段階に突入しつつあるように思われる。今のところそれは**ナショナリズム**という形をとって現れているといっていいだろう。具体的には、移民に対する排外主義や貿易における保護主義という形をとっている。

そう、ナショナリズムの問題はこの排外性にあるといっていいだろう。そもそもナショナリズムには、言語と文化の同質性によって定義づけられる民族のための国家を目指すという要素がある。これこそまさにイギリスの社会学者アントニー・スミスが、『ネイションとエスニシティ』の中で、訴えたものである。

スミスはナショナリズムには必ず民族的な起源があるとして、「エスノ・シンボリックアプローチ」という立場を提唱した。このアプローチによると、ネイション（国民という概念）の創造は周期的に更新され、絶え間ない再解釈と再発見、再構成がなされるという。だからこそ、グローバリズムに浸食され、食い尽くされた国民国家で、今また民族による再解釈がなされているのだろう。

新たなネイションの模索

ただ、ナショナリズムは必ずしもネガティブな要求からのみ生じているわけではない。もっと積極的に、文化や伝統を守るために国民国家の重要性を訴える政治思想もある。ナショナル・リベラリズムと呼ばれる新しい潮流がそれである。これは、1990年代に登場した比較的新しい理論といえる。『国際正義とは何か』の著者で、イギリスの政治学者のデイヴィッド・ミラーや、『土着語の政治』の著者で、カナダの政治学者ウィル・キムリッカらが主張しているものだ。

彼らの主眼はリベラル・デモクラシーにあり、それを実現するためには、安定したネイションが必要になるという。そこで、言語政策や文化政策にナショナルなものを反映するための政治の関与を容認しようとするわけである。

これまでのリベラリズムは、普遍性を追求するがゆえに、文化的なものからは中立であるべきだとされてきた。ところが、それでは**近年高まりを見せる文化や伝統に基づく政治的権利要求に応えることができなくなってきている**のだ。リベラル・ナショナリズムはそうした新たな時代の潮流に対応する理論といえるだろう。

008

宗教対立

9・11後の世界

近代以前、西洋社会はキリスト教の影響のもとにあったといっていいだろう。ところが近代化が進むにつれて、あたかも魔法が解けるかのように、宗教の影響力は陰りを見せていった。その状況を社会学者のマックス・ウェーバーは、「脱魔術化」という言葉で表現した。

実際、西洋社会はいったんは世俗化の方向に向かったかのように見えた。ところが、今まったく逆の現象が生じているのである。グローバル化が進展する21世紀、宗教が再び力を盛り返し、「再魔術化」とも呼ぶべき事態が生じている。その21世紀の入り口にあたる２００１年9月11日にアメリカで起きた同時多発テロは、そうした再魔術化の時代の負の側面を象徴するかのような出来事だったといっていいだろう。

ただし、再魔術化といっても、単に近代以前の状況に後戻りしているという話ではない。ヨーロッパのキリスト教徒は減っているが、その代わりイスラム教徒が増えているのだ。むしろキリスト教徒に関しては、アフリカを中心に信者が増えている。

世の中が不安定になると、当然人々の不安は増大する。その中で、宗教に依存する人たちが増えるのは、ある種必然なのだろう。問題は**それに伴って宗教同士の対立のようなものも熱を帯びてくること**である。こうした事態にいかに対処していくべきか。この点ドイツの社会学者ウルリッヒ・ベックは、『〈私〉だけの神』の中で、宗教のコスモポリタン化という提案をしている。

つまり、世界中の誰もが、どこかの国民ではなく、一人のコスモポリタンとしてのアイデンティティを持つように、宗教においても自分だけの神を持てばいいという主張である。そうすれば、集団同士の対立はなくなるだろうから。ベックはこうした議論が成り立つ前提として、まず世界におけるコスモポリタン化と個人化を挙げている。

「神の個人化」という選択

世界の境界線が曖昧になる中で、必ずしも個人のアイデンティティが国家に縛られる必要がなくなってくる。それによって、選択する宗教に関しても個人化が可能になるということだ。ここでベックが周到にグローバル化という表現を避け、コスモポリタン化という表現を用いている点に着目する必要があるだろう。

ベックにいわせると、グローバル化はどこか外側で起こっていることであるのに対して、コスモポリタン化は自分の内側で起こっていることなのだ。事実、政治思想でいうグローバリズムは外から押しつけられる印象があるのに対して、コスモポリタニズムは内側から変化していく印象がある。だからこそベックは、**宗教についても、主体的な選択として人が自分だけの神を選ぶことを説く**のである。

「あれか、これか」を迫るから争いが起きる。宗教は集団を形成することによって、別の集団を認めないという方向に凝り固まっていくのだ。それは歴史上もそうであったし、今なお現在進行形でそうした対立が起こっている。だから神を個人化すればよい。

理屈としてはまったくその通りなのだが、問題はどうやってそれを実現するかだろう。すでに特定の宗教集団に属する人たちに、自ら納得してそのような選択をしてもらうのは容易ではない。あるいはこれから何らかの宗教を選択しようとする人たちに、自分だけの神を選びなさいと誰が説教をすればいいのか。

対話で宗教的対立を乗り越える

ベックは、コスモポリタン化のもたらす個人化がひとりでにそれを可能にするというのだが、現実は反対で、個人化ゆえに人々は宗教でつながるようになっている。そこで、宗教集団の存在を前提として、かつ、より現実的な解決策を模索する必要がある。

その点で、ドイツの哲学者ユルゲン・ハーバーマス（110ページ）の最近の議論が参考になる。ハーバーマスは、『公共圏に挑戦する宗教』の中の論考「政治的なもの」において、宗教的市民と非宗教的市民が互いに少しずつ妥協しなければならないと主張している。

具体的にハーバーマスが唱えるのは、両者が共に理性を公共的に使用することで、多元主義型市民社会の熟議政治を活発にすることである。歩み寄るためには、同じ土俵で議論すること、しかも開かれた態度で臨み、自らの考えをも変える可能性のある熟議が求められる。それを可能にするために、ハーバーマスは宗教的言語から世俗的言語への翻訳の受け入れを提案する。そうすることではじめて、次のようにリベラルな目的が達成できるからだ。

つまり、宗教共同体が民主的な共同体の成員であることを前提に、かつ彼らの教義に最大限の敬意を払いつつ、公共圏における発言のルールを規定していこうというわけである。それは誰にでもわかる言葉を使うという民主社会の基本を確認するものだといえる。

かつてハーバーマスは、公共圏における開かれた対話を促進すべく、コミュニケーション的理性の必要性を訴えていた。すでにその際、誰にでもわかる言葉によって対話を行うべきことが主張されていた。したがって、ここでハーバーマスが行っているのは、宗教対立へのコミュニケーション的理性の適用ということになる。

いかにして宗教的なものとかかわるか

ただし、このような宗教問題の場合は、通常の公共圏における熟議とは異なる配慮を要請するものだといえる。なぜなら、対立の根底に根深い価値観の相違が横たわっているからである。そこでハーバーマスは、宗教的市民と世俗的市民の両者が、お互いに補い合う形で学習プロセスを営んでいかなければならないと主張する。

とりわけ宗教的市民には、次の三点を要求している。①競合する宗教と道理にかなった形でかかわること。②日常的知識に関する決定を制度としての科学に委ねること。③人権という道徳律が定める平等主義の前提を宗教的信条と両立させること。

他の宗教を合理的に理解する、そして科学を物差しにし、人権に配慮する。近代合理主義に馴らされた私たちにしてみれば、これは当たり前のことに聞こえるかもしれない。そう感じる時点ですでに相当のギャップがあるのだろう。というのも、見方によっては、これは非常に厳しい要件であるともいえるからだ。この要件を満たすことが、ある特定の宗教にとっては、教義に反するといった事態さえありうる。

ただ、思い出していただきたいのは、**あくまでこれらは、公共圏における熟議の際にのみ求められるものだ**という点である。プライベートな領域において、自由な宗教的生活を送ることをなんら否定するものではない。

もちろん熟議の際には、世俗的市民の側にも、同様の妥協が求められる。それは、自分たちの抱いている道徳律も、もともとは宗教に由来する点に目を向けなければならないということだ。西洋社会において今現在は常識になっているようなことも、長いキリスト教の歴史の中で醸成されていったものであることを忘れてはいけないということである。その点を意識できれば、もっと寛容になれるはずだ。

どんな対立もそうだが、その解消にはお互いが歩み寄るよりほかない。日本では宗教対立というと、どうしても他人事のように見てしまいがちだが、誰もがグローバル社会の一員である以上、不可避的に当事者にならざるを得ない。その意味で、こうした歩み寄りは、私たち自身にも求められているという事実を念頭に置いておく必要がある。

異なる宗教を信じ、それでも同じ民主社会の成員として互いに共存していくためには、ハーバーマスの提案する戦略が最も有効なのだろう。なぜなら、感情的対立が和らぐのは、原則として自分の側が折れることによってのみだからである。相手が悪いと言い出した途端、争いは泥沼化してしまうのである。

共感と想像力を広げるために

その意味で、求められるべきは共感や想像力といった他者を理解しようとする気持ちであるといえる。前述の『公共圏に挑戦する宗教』において、アメリカの哲学者コーネル・ウエストはまさにその点を説いている。

彼は「予言宗教と資本主義文明の未来」という論考の中で、音楽の比喩を用いてこのことを語っている。これは彼自身がこよなく音楽を愛するブルース・マンでもあるからだ。さらにはラップのＣＤも出している。映画『マトリックス』にも出演したマルチな才能を持つ哲学者だ。私もプリンストン大学にいたときに何度か会話する機会に恵まれたが、まるで歌うようにリズミカルに言葉を紡ぎ出していたのを思い出す。

そんなウエストは、無神論者も宗教的に音楽的にならないといけないという。「音痴」ではいけないというのだ。そして宗教的な人間もまた、世俗的に音楽的でなければならないと。

それは共感と想像力を用いて、他人の世界に分け入り、相手を理解しようとすることにほかならない。とりわけ、彼が破局的なものと呼ぶ世界の問題、たとえば子どもの貧困や虐《しいた》げられている人たちの日常、そうした破局的なものをとらえる声に耳を傾けずして、公共的な討議などありえないと喝破している。

共感と想像力を広げるのは、口でいうほど簡単ではない。ひとたびそれを公共の場で口にしたなら、非難されることもあるかもしれないだろう。場合によっては攻撃される危険性さえも。だからこそウエストはいう。そのためにはある徳が必要であると。

それは勇気だ。**勇気こそが共感と想像力を解き放ち、破局を打ち破る。**ウエスト自身、どんなに非難されようが、逮捕されようが、かまわず声を上げ続けてきた。だから説得力があるのだ。

009 テロ

新しい形の戦争の始まり

戦地での取材を繰り返してきたイギリスのジャーナリスト、ジェイソン・バークは、『21世紀のイスラム過激派』という本の中で、今世紀のイスラム過激派を中心としたテロが、どれほど隆盛で、どれだけ根深いものであるかを明らかにしてくれている。

パキスタンだけでも33の武装組織が存在し、シリアには何百もの旅団と呼ばれる戦闘員の集団があるという。もはや現実世界だけではない。なんとネット上の仮想武装集団まで存在するらしい。

さらに驚いたのは、なんと若者の間には、テロを起こすことがクールであるというジハード文化のようなものさえ根づいているという。世界はいったいどうしてここまで病んでしまったのだろうか。

20世紀は戦争の世紀だった。二度の大戦と大きな犠牲を払い、ようやく平和を手にしたかのように見えた人類だったが、21世紀に私たちはまたテロという名の新たな敵と戦わざるを得なくなってしまっているのだ。

今なぜテロなのか？　そしてそもそもテロとはいったい何なのだろうか？　まずはテロの本質から考えてみたい。

テロという言葉の起源は、フランス革命時のジャコバン党の恐怖政治にまでさかのぼることができる。フランス語で恐怖のことを「テルール（terreur）」という。つまりもともとテロには犯罪行為としてのイメージがつきまとっているのだ。にもかかわらず、テロの定義は簡単ではない。

というのも、テロ行為には結果としてなんらかの価値判断がなされるものであり、**政治に利用される場合には、テロではなく正当な行為になってしまうことさえある**からだ。実際、イスラム過激派は、自分たちとしては教義を守るための正当な行為としてテロを行っているつもりなのだ。だからなんの迷いもなく、「アラーの神は偉大なり」と唱えて自爆さえできる。

これがテロの定義を困難にしている原因の一つである。とはいえ、少なくともテロが、政治的目的を持った、非合法の物理的かつ精神的な暴力行為であることは間違いないだろう。

なぜテロは起こるのか?

ではなぜテロは起こるのか? カナダの政治学者ジョナサン・バーカーは、著書『テロリズム』の中で三つの考え方を提示している。

一つ目は「近代化の失敗」である。要は近代化に失敗した国がテロの温床となるというのだ。しかし、これでは近代化の進んだ国でもテロが生じている点を説明できない。

二つ目は「文明の衝突」である。この考え方は、アメリカの国際政治学者サミュエル・ハンチントンによる同名の概念から来ている。文化の違いによる摩擦にテロの原因を見るのだ。しかし、これもまた資源をめぐる競争や、権力の腐敗への抵抗といった他の要因を軽視するものといえる。

三つ目は「第一次テロ、第二次テロ」という考え方である。欧米の植民地支配を第一次テロと呼び、それによってもたらされた苦しみや不正に対する自暴自棄の反応こそが第二次テロだというのだ。しかし、植民地支配を受けていた国家がすべてテロ政権を擁しているわけではない。

つまり、テロには絶対的な原因があるわけではなく、今掲げた三つの原因のいずれかが中心となって、あるいはその複数が絡み合って、さらにそこに様々な要素が影響して生じているわけである。少なくともここからいえることは、原因がいずれに当たるとしても、それだけでは**テロを許容する要素は一つもない**という点である。

テロとは許容不可能な悪である

これについて、正戦論で一定の条件のもとに戦争を肯定したアメリカの政治哲学者マイケル・ウォルツァーも、テロという手段に関しては厳しく非難している。彼はテロを許容不可能な悪とみなす。それは、テロリズムへの免罪符と呼ばれる次の四つの弁明を退けている点からもうかがえるだろう。

免罪符とは、①テロが最終手段である、②強大な国家に対する弱者の唯一の武器である、③目的遂行に効果的な手段である、④テロリストが対峙する敵対者も含め、誰もが行っていることである、という四つである。

彼はこうした免罪符を批判し、テロ行為とは、テロリストが人民の支持を集めたり、人民の解放を目指すものでもなく、実は一部のエリート闘士による独断の運動にすぎないと指摘する。つまり、**抑圧や専制を押しつける体制と変わらない**というのだ。

ウォルツァーは、自国の政治的反対派に対する国家テロリズムや、戦争の際の敵対政府市民に対するテロリズム以外の通常のテロについて、次のように定義している。「テロリズムとは、万人に恐怖を拡散させ、もって政治指導者に影響力を行使するために、無辜《むこ》の人々を無差別に殺害する意図的な行為である」と。

イスラム原理主義者たちの活動は、まさにここでいう無差別な殺害といっていいだろう。ただ、ここで注意が必要なのは、必ずしもイスラムの教えの中にテロを推奨する教えがあるわけではない点である。「聖戦」と訳される「ジハード」という概念が、あたかも自爆テロと結びつけて理解されているが、それは間違いなのだ。この言葉のもともとの意味は「能力を尽くす」というものにすぎない。

社会からの孤立がテロの温床に

それがなぜテロ行為へと堕してしまったのか。この問いに答えるには、今やテロの背景分析に関して第一人者といってもいいフランスの社会学者ファラッド・コスロカヴァールの『世界はなぜ過激化《ラディカリザシオン》するのか？』が参考になる。

コスロカヴァールは、フランスの刑務所を調査した結果、若い犯罪者たちが、そこで過激派の影響を受け、テロリストになっていく実態を暴き出した。そして彼らが社会から疎外されて暮らす「バンリュー」と呼ばれる郊外で結びついていくことを指摘した。

当たり前のことだが、彼らが初めから過激思想を持っているわけではない。**人生のどこかで、それを持たざるを得ない環境に追いやられている**のだ。これは何もフランスに限った話ではないだろう。イスラムの出自を持つ若者が社会から疎外されるとき、犯罪に手を染め、刑務所で過激派思想に触れる。そして社会に復讐を誓うのである。

とするならば、テロをなくす方法は意外と簡単なのかもしれない。彼らを受け入れ、支援することだ。でも、それができないからテロに悩まされているのだろう。残念なことにフランスでは、まったく逆のことが行われている。フランスには学校などの公的機関の職員は、ライシテという非宗教性、世俗主義を徹底する原則がある。もともとは平等を重視する国だから、このような原則があるのだ。

ところが、今やそれはムスリムに公共の場でのスカーフ着用を禁じるといった、実質上イスラム排除の原理になってしまっている。コスロカヴァールはそれを「ライシテ原理主義」と呼んで非難する。

中東のイスラム国が掃討され、元兵士たちのヨーロッパへの帰還者が増えているという。このままではヨーロッパはますます危険な状態になるだろう。そしてグローバル社会の一員としてそのヨーロッパとも深いつながりを持つ日本も、この問題について他人事ではいられなくなる日が近づいているといっていいだろう。

010 ポピュリズム

トランプ大統領の誕生

この世界に民主主義はあるのだろうか？　なぜ多くの人に批判されるような人物がリーダーになるのだろうか？　今まさに世界中でそんな現象が起こっている。ここではまずその象徴ともいうべきアメリカの例から考えてみたい。

アメリカ大統領選にドナルド・トランプが名乗りを上げ、大方の予想を裏切る快進撃を続けるにつれ、**「反知性主義」**という言葉が人口《じんこう》に膾炙《かいしゃ》するようになった。これは、トランプが一貫して知性主義を批判してきたからにほかならない。トランプは、既成勢力としての権威、エスタブリッシュメントへの批判によって支持を拡大したのだ。

具体的には、民主党の大統領候補ヒラリー・クリントンを攻撃するためである。というのも、ヒラリーは元大統領の夫のもとで政権に携わり、その後国務長官としてオバマ政権を支えてきた人物であり、エスタブリッシュメントそのものだったからだ。さらに、その知的なバックグラウンドもあいまって、まさに知性主義の象徴ともいうべき存在であった。

そんな候補を攻撃するには、知性主義そのものを否定する必要があったのだ。では、反知性主義はいったいどのように定義されるのだろうか。この概念は、もともとは政治史家のリチャード・ホーフスタッターが、『アメリカの反知性主義』の中で明確にしたもので、知的権威やエリート主義に対して批判的な態度をとる立場のことを指している。

しかし、だからといって知性に反対しているのかというと、必ずしもそうではない点に注意が必要である。この点について、森本あんり著『反知性主義』では、次のように説明している。これは反知性主義という表現のせいもあって、よく誤解されている点であるが、**反知性主義は知性を全否定しているわけではなく、あくまで知性と権威との結びつきを否定する**のだ。したがって、むしろ知性に対抗するための知性こそが求められるのが反知性主義の本来のあり方である。

独善性から生まれるポピュリズム

問題は、その知性に対抗するための知性が独善的になりがちな点だ。それはトランプの例を見るとよくわかるだろう。彼自身、名門ペンシルベニアア大学ウォートンスクールを卒業しており、本来知性を備えたエリートのはずである。

ところが、その知性は独善的と形容せざるを得ない。たとえば、いかに理屈が通っているとはいえ、不法移民を防ぐためにメキシコとの国境に大きな壁を建設するといった言動から明らかだろう。

この独善性を理解するためには、アメリカで反知性主義が生まれた理由にまでさかのぼらなければならない。周知のように、アメリカはイギリスから植民してきたピューリタンの国である。そのピューリタニズムは極端な知性主義だった。

だからこそ、反動としてのラディカルな平等主義ともいうべき信仰復興運動（リバイバリズム）が起こり、それに伴って反知性主義が生まれたのである。つまり、反知性主義は、信仰復興運動と深く結びついているといっていい。森本氏は、そうした信仰の部分を養分にして反知性主義は根を張っているだと分析している。そして、信仰とは思考するのではなく、主義主張を信じることであるから、そこから独善性が生じてくる。

つまり、**反知性主義はアメリカの民主主義を根底から支える強みであると同時に、独善的な政治を生み出す不安要素でもある**ということだ。そういわれると確かに、反知性主義はアメリカという国の二つの側面を象徴しているように思えてくる。言い方を換えると、反知性主義は諸刃の剣なのだ。その諸刃の剣の悪い側面ばかりが出てしまっているのが、ポピュリズムにほかならない。

機能不全の民主主義

ポピュリズムとは、一般に大衆迎合主義とも訳される通り、政治が大衆に迎合しようとする態度のことである。

もっとも、実際には民衆のいうことをそのまま聞くのではなく、民衆から共感を得るようなレトリックを駆使することで、逆に政治家自らが望む変革を実現するカリスマ的な政治スタイルであるといえる。

民衆の側に不満が生じてくると、その不満を代弁するかのように、ポピュリスト政治家が現れる。そのためポピュリズムは、民主主義が機能不全に陥っていることの警告としてとらえられる。そして今まさに、世界中にポピュリズムという名の幽霊が徘徊しているのである。

では、なぜ民衆の不満はポピュリズムという形をとって立ち現れるのだろうか？　これはポピュリズムの本質について考えることにほかならない。ドイツ出身の政治思想家ヤン

＝ヴェルナー・ミュラーは、『ポピュリズムとは何か』の中で、ポピュリズムを次のように定義している。

ポピュリズムとは、人々が、ある特定の政治の道徳主義的な想像を抱き、それをエリートの政治と対置させる反エリート主義的なものだということである。したがってポピュリストたちは、そうしたニーズに合うような、口当たりのいい物語を提示する。あたかも単一の共通善が存在するかのごとく。

そうなると、**もはや人々の政治参加は必要なくなってしまう**だろう。あとは、その共通善を固守するために、強いリーダーさえいればよい。ポピュリムの問題はここにある。ポピュリストたちは、もともとある人民の主張を代弁しているのだから、エリート退治は自分に任せておけという独善的な態度をとることが許されてしまうのである。

深刻な分断を生み出す政治

しかし、ここで注意しなければならないのは、ポピュリズムが単なる反エリート主義とは異なる点である。先ほどの定義に付け加えて、ミュラーは次のように主張している。

つまり、他の考えや道徳を認めようとしない反多元主義こそが、ポピュリズムの本質なのである。一般にポピュリズムの本質には不満という民衆の感情があって、それが理性的な判断や理性的な政治を退けているととらえられるが、ミュラーはその点をあまり重視しない。むしろ多元主義の排除こそが問題だというのである。

そのせいで、**ポピュリストたちは、政権をとった後も国に弊害をもたらす**というわけである。たとえばそれは、国家の植民地化あるいは「占拠」であり、大衆恩顧主義であり、差別的法治主義である。いずれも多元性を排除し、自らの立場を盤石《ばんじゃく》のものにしようとする企みの表れである。

確かにこれは大きな問題であって、国内に深刻な分断を生み出す結果につながるだろう。恩恵を被《こうむ》る者と、差別をされる者との分断が生じ、しかも両者の溝は永遠に埋まることがないのだから。

私もこのミュラーの反多元主義という議論には大いに賛同するが、どうしてもその背景には感情の問題があるように思えてならない。カリスマ的な政治家は、自らの主張に対する支持を拡大するために、民衆の感情をうまく操っているように思うのである。そして、そのための手段として反多元主義がある。だから根本的には人々の怒りや不満を解消しないことには、この現象はいつまでも続く可能性があるといっていいだろう。

もっと「哲学する」ためのの実践ガイド

「学ぶ」から「使う」へ

Chapter

4

本章の活用方法について

一言でいうと、本章の目的は哲学ができるようになるためのガイドをすることである。

まず、「哲学する」とはどういうことかについて話をしたあと、そのためには何をどう学ぶ必要があるのか解説していきたい。そして最後に、哲学の応用の仕方を伝授したい。

哲学ブックガイドと映画ガイドは、ボーナストラックのようなものだと思って、気軽に読んでいただければいいかと思う。

では、さっそく始めよう。

哲学の仕方をマスターしよう

「哲学する」とは？

　私は大学で1年生に哲学を教えるとき、哲学そのものを学ぶのではなく、「哲学する」ことを学ぶのだと強調するようにしている。なぜなら、彼らは哲学というとすぐに暗記科目だと思い込むからである。おそらく高校の倫理がそうだったから、同じように考えてしまうのだろう。

　しかし、哲学は高校で習う倫理とは180度異なる科目である。なぜなら、高校の倫理が知識を身近にするのに対して、哲学はむしろ「疑う学問」だからだ。そう、これが哲学するということの最初の意味である。

　つまり、哲学を学ぶというのであれば、別に知識を伝えてそれを知ってもらえば十分である。しかし、哲学することを学んでもらうためには、それではいけないのだ。本書の冒頭でもお伝えした通り、そもそも哲学とは物事の本質を探究する営みである。ということは、そのためのプロセスを修得してもらう必要があるわけである。

それは、**疑う、関連させる、整理する、創造する**というプロセスにほかならない。さらに付け加えるなら、最後にその思考の結果を言葉にすることである。

四つのプロセスを実践する

まず疑うとは、常識や感覚でとらえたものや、思い込みを否定することである。あえて違うと否定するのだ。たとえば、「パソコンとは何か?」。おそらく多くの人は便利なツールと考えていることだろう。

しかし、あえてそれを疑うのである。自分の考えとは違ったとしても。なぜなら、そうでないと本当の姿は見えてこないからだ。さあ、パソコンが便利なツールでなかったとしたら、いったいどうなるだろうか? 逆に不便なツールだということになるだろう。

確かにどんどん機能や操作が複雑になってきているので、ある意味で不便なものだということもできるだろう。苦手な人には厄介なツールかもしれない。いや、そもそもツールという部分も疑うべきだ。そう考えると、ツールどころか、反対に人間をツールにしてしまう人類の敵ともとらえられる。パソコンのせいで仕事を奪われた人がたくさんいた。

そうやって疑ったら、今度は新しい情報を関連させる。なぜなら、これまで抱いていたパソコンの像が破壊され、答えがわからなくなってしまったからだ。ここではじめて、一からパソコンとは何かを考えるのである。

パソコンは計算機であり、コミュニケーションツールであり、自分の頭脳であり、それゆえに考えなくて済むツールであり、人間の仕事を奪うものであり、時代を変えるものであり、インフラであり、24時間人が使うことで時間の観念をなくすものであり……。

これはできるだけやったほうがいいのだが、紙面の都合でここまでにしておく。そして次にこれらの情報を整理する必要がある。この場合、同じような情報はグループにまとめて、最終的に一文にしていく。

そうすると、パソコンは便利である一方で、人間から思考力や時間を奪うネガティブな側面もあるインフラだといっていいだろう。これをもっとブラッシュアップするのだ。その際、最後の創造を意識する必要がある。

ここまでですでにわかっていただけるかと思うが、「哲学する」とは、**物事の意味を自分の知識と論理と言葉を使って再構成する営み**である。とりもなおさず、それは意味の創造にほかならない。ここではパソコンの新しい意味を創造しているわけだ。

すると、パソコンとは便利さと厄介さが同居するインフラ、もっというと、矛盾を抱えたインフラなのだ。これがパソコンの本質である。そしてこれが哲学するということなのだ。

考えを深める「変な質問」

この哲学のプロセスのどの段階においても重要なのは、いい質問をするということである。疑うためにも、新しい情報を関連させるのにも、またそれらを整理し、創造するのにも、「どうして?」「何が?」「どのように?」などと問いを投げかけてきた。

ただ、どんな質問でもいいというわけではない。物事の本質を探究するためには、変な質問をしなければならないのだ。当たり前のことを聞いても、当たり前の答えしか返ってこない。「パソコンは便利ですか?」と聞いても、「はい便利です」か「いいえ不便です」程度の答えしか返ってこないだろう。

もしここで**「パソコンは何を奪っていますか?」**と聞けば、「え?」となるはずだ。そうして考えると思う。その結果、人間の仕事や頭脳や時間などが答えとして出てくるのだ。もっと変な質問をすれば、もっと変な答えが出てくるだろう。たとえば、パソコンは恋をしているかとか、パソコンは本当にモノなのかといったように。

あるいは、国家について考えてみよう。このとき、「国家って何ですか？」と聞いても、せいぜい返ってくるのは「ある主権が領土とそこに属する人を支配している状態です」といった程度の答えだろう。これでも一応国家の形式的な要素は判明するが、その実態を探るには、もっと具体的で、変な質問が求められる。

私ならこう聞く。**「国家って誰ですか？」**とか**「国家って意地悪ですか？」**と。国家は人じゃないので、誰かと聞かれても困るだろうが、よく考えてみればそこには支配者がいる。それが政治家なのか、民衆なのか考える契機にはなるだろう。意地悪かどうかというのも、国家と国民の関係を考えるためのいい質問になるのではないだろうか。

こうして色んな角度から質問をすることで、その対象の色んな側面が見えてくるのだ。これは視点を変えてその対象を見るということにほかならない。だからできるだけ複数の視点を持つことで、これまで現れていない姿が現れるのだ。

「哲学する」ための基礎を作る　①通学編

とはいえ、何事にも基礎が必要であることはいうまでもない。それに手ほどきがあったほうが、入りやすいに決まっている。そこで哲学できるようになるための、哲学の学び方についてお話ししておきたいと思う。単に哲学の知識を身につけるための勉強法ではない点がポイントだ。

まずは、どこかで誰かから、もしくは誰かと一緒に哲学を学ぶ場合から、紹介しよう。

大学

残念ながら哲学を学べるところは多くない。哲学を勉強したという人に、「どこで?」と聞くと、99%が「大学で」と答える。つまり、日本では哲学は特殊な科目であり、大学の教養科目として選択するか、哲学科を専攻するかしないと、学ぶことなどできないのである。

しかも、大学の哲学講義のほとんどは教養科目の場合、哲学史をちょろっとやる程度で、前にも書いたように哲学すること、つまり哲学のやり方を教えてくれるわけではない。あるいはその先生の専門の哲学の基礎を文献解釈を中心に聞かされる程度である。これはさらにつまらない。そこでたいていは哲学が嫌いになるのだ。もちろん中には面白い講義があったり、授業が工夫されているものもある。私もそうなるように努力している一人だ。

大学で初めて哲学を学ぶ人にお勧めしたいのは、**一冊くらい入門書を読んで受講すること**だ。哲学は背景がわかると俄然面白くなる。哲学史をざっと押さえておくだけで、先生の話も理解しやすくなるはずだ。仮に先生が自分の専門分野の話に特化したとしても、その位置づけがわかっていると面白くなる。

実際、高校時代に「倫理」をとっていた人は、やはり興味深く聴けるようだ。そういう人が口をそろえていうのは、「やっとわかりました」という言葉だ。高校の「倫理」で闇雲に暗記させられた言葉や人名が、ようやく有機的にストーリーの中に位置づけられたり、内容が具体的なものとして理解できるからである。

事前に哲学史の入門書を読んでおけば、誰もがそのように感じることができるはずである。どんな本を読めばいいかは後で紹介する。

では、もう大学を卒業してしまった人はどうすればいいか。最近は授業が一般に公開されることもあったり、聴講も可能なので、大学生でなくてもこうした授業を受けることは不可能ではない。また、社会人向けの公開講座やエクステンションセンターを運営している大学も増えている。ホームページにも載っていると思うが、近くの大学に問い合わせてみればいいだろう。

さらにはリカレント教育で、大学で学び直しをする制度が増えている。科目履修で哲学だけとることも可能だろう。大学院ならもっと専門的に勉強できる。学部で哲学をやっていなくても心配はない。なんとかうまくこじつければいいのだ。かくいう私もそうだった。実は私は法学部の出身だ。民法のゼミだったが、そこでヘーゲルの法哲学とつなげて、大学院でヘーゲルを勉強する形にもっていった。

カルチャーセンター

大学以外で哲学を勉強するなら、カルチャーセンターだろう。カルチャーセンターには色んな科目の講座があって、その中に哲学の講座もある。どこでもあるとはいわないが、大きなところなら開設しているだろう。私もやったことがある。NHKカルチャーセンター、朝日カルチャーセンターなどの大手や、中國新聞文化センターといった地方のものまで。

大手のカルチャーセンターでは、有名な先生なども授業をもつことがあるので、その意味では大学で学ぶよりも貴重な場合がある。普通は学べないような人に直接教えを乞うことができるのだから。少人数の場合、直接話もできるだろう。

中身については、**大学の授業と違って、一般の人向けにできている。**だからゼロからわかるように構成されている。上級者向けもあるが、その場合でもやはり学生に教育するというよりは、一般の人を意識して、教養を深めてもらうという姿勢が現れているといっていい。

大学と違って一つの講座の回数はそう多くないだろうが、たとえ数回でも、それを勉強を始めるきっかけにすればいいのだ。中には「哲学カフェ」が講座になっていることもある。私も時々やっている。哲学カフェについては、次に詳しく紹介したいと思う。

哲学カフェのような勉強会

哲学カフェは今や全国に広がる潮流になりつつある。インターネットで調べれば、多くのカフェが開かれていることがわかる。全国にフランチャイズしているようなカフェフィロという団体もある。幸い私の哲学カフェもよく知られており、地元山口だけでなく、呼んでもらえれば全国どこでもやることにしている。

さて、そんなふうに広がりを見せる哲学カフェとは、いったいどのような場なのか。これは一言でいうと、みんなで哲学をする場である。まさに「哲学する」ための場なのである。しかも見知らぬ市民が対話をするという公共圏でもある。

さらに重要なのは、決して小難しくて堅苦しい場ではなく、むしろ楽しくて気軽に参加できる場である点だ。哲学を楽しいものにしたという点では、哲学史上における哲学カフェの貢献は大きいといえる。

もともとこの活動は、1992年にマルク・ソーテという人物がパリのカフェで始めたといわれている。カフェで議論する文化があるフランスらしいイベントだ。そこで、今でも哲学カフェは、**コーヒーなどを飲みながら、カフェの雰囲気でリラックスして行う**のが普通である。実際のカフェでやるときはもちろんのこと、どこかのコミュニティスペースでやるときもそうだ。

具体的な進め方だが、通常は対話を取り仕切るファシリテーターがいて、その人を中心に議論が進む。**1時間から長くて2時間くらいかけて、一つのテーマを掘り下げていく**ことが多い。哲学なので、深く考えることが大事だからだ。それをみんなでやる。いわば集合知だ。

参加者はたいてい予習や予備知識なしで参加できるように工夫されている。そうでないと、堅苦しい勉強会になってしまうからだ。ぜひネットで探して、カフェに参加してみてはどうだろうか。

もしそのような場はハードルが高すぎると思われるなら、別に友人などと対話するだけでもいいだろう。ちょっとしたコミュニケーションの場を、哲学対話の場に変えるのだ。飲み会でもいいだろう。やり方は簡単。哲学的テーマについて問いを投げかければいいのだ。普段話さないような。

仕事の話だと哲学するというより、即役に立つ答えを探し始めたり、愚痴をいって終わるのがおちだ。だから仕事とは無関係の、できれば抽象的なテーマがいい。たとえば、自由とは何かとか、愛とは何かと問われれば、必然的に哲学を始めざるを得ないだろうから。ここまで抽象度が高いとハードルが上がってしまうなら、働くとはどういうことかとか、お金とは何かみたいな仕事と純粋哲学のテーマの中間くらいのものから始めてもいいだろう。

そのほかに哲学塾のようなものもある。多くは哲学の古典を精読（原書や翻訳書を丁寧に一字一句解釈しながら読んでいくこと）していくような読書会だ。その点で「哲学する」ことをメインにしている哲学カフェとは性質を異にしている。現役で哲学を教えている、あるいはかつて教えていた大学の先生などが開いていることが多い。これもまたインターネットで探すと出てくるだろう。

「哲学する」ための基礎を作る ②独学編

そして、もう一つ哲学するための基礎に欠かせないのが独学だ。哲学は独学に向いている。なぜなら、実験器具もいらないし、場所も問わないからだ。極端な話、頭だけあれば誰でもすぐに始められる。考えればいいだけだから。

基本は、**「本を読む」「考える」「言葉にする」**の三つを繰り返していけばいいだけだ。本を読んで知識を得たり、疑問を持つ。それを題材にしたり、きっかけにしたりして考える。そのうえで、考えた内容を一度言葉にしてみる。あとは、その各々のプロセスをいかに深くやれるかだ。特に考えるという部分が深くなると、より哲学の営みに近づいていくわけである。

たとえば、数ページ本を読んだとしよう。手元にあるラッセルの『幸福論』の最初のほうを読んでみると、健康で食べ物が十分あっても、現代社会の人間は幸福ではないと書いである。そこで、これはなぜなのかと考えてみる。そして、おそらくほかに欲望があるからだとか、自分が満たされていることに気づいていないからだと思ったら、そのことを一度言葉にしてみる。こうした作業を繰り返していけばいいのだ。以下、各々のプロセスについて具体的に見てみよう。

本を読む

哲学を基礎からやって力をつけたい人は、まず本を読むべきだろう。哲学の入門書から徐々に専門的なものに進んでいき、最終的には古典を読み解けるようになれば完璧だ。

哲学書の読み方を紹介する前に、そもそも哲学の本にもいくつか種類があるので、まずそのことについて話しておきたい。大きく分けて三種類ある。つまり、**入門書、解説書、古典**の三つだ。

入門書とは、哲学の基礎がわかるように、ごく簡単に書かれたもので、哲学史や哲学の概念全般についてわかりやすく紹介したり、ある特定の哲学や哲学者についてやさしく紹介したものなどがある。

最近は漫画で学ぶ哲学入門のようなものもある。大学の先生が書いたものもあるが、常に専門家が執筆しているわけではない。わかりやすく書くのは、かえって大学の先生より予備校の先生やプロのライターさんのほうが得意だったりするからだ。その代わり、一般に専門家である大学の先生が書いているほうが、正確さは保障されているといっていいだろう。

次に解説書だ。これは入門書よりは詳しめに、かつ高いレベルで特定の哲学者やその著作、概念などについて解説したものだといっていいだろう。これは専門家である大学の先生が書いていることが多い。解説書も入門書と変わらない簡単なものから難解な専門書と呼ばれるものまで幅があるが、新書レベルのものから始めてみるといいだろう。

そして古典だ。古典はその名の通り、歴史上の哲学者が過去に書いた名著ということになる。文学の名著と同じで、哲学の名著だ。だいたい一人の哲学者につき一つ主著がある。まずはそれを読むといいだろう。挫折しないように、できれば簡単なものから始めるとよい。とはいえ、入門書や解説書と異なり、古典を読むのは至難の業だ。なにしろ入門書とは違い、わかってもらうことを最優先して書いているわけではないのだから。

以下では、哲学の古典を**「哲学書」**と呼んで話を進めていきたい。哲学書を読むのは、ある意味で哲学の入口であり出口でもある。哲学書を読めるようになりたいという人は多い。また、哲学書から哲学に入るのが自然の流れでもある。ただし哲学書の場合、すらすら読めるわけではないので、かなり頭を使う。それは時に深く哲学することを要求する。だからこれらを読むことが出口でもあるのだ。ここではそんな哲学書について、五つの読み方を紹介していく。

読み方①精読

まず精読だ。精読とは、じっくりと解釈しながら読むということである。これが一番基本的な読み方だが、一番難しい。どんな本でも、しっかりと意味を理解しながら読む必要があることはいうまでもないだろう。しかし、哲学書の場合、一つひとつの言葉も難解であったり、論理が複雑であったり、時に詩的であったりして、そう簡単に読み進めることはできない。だが、これを一文一文読んで、すべて理解したうえで読む進めていく。

これをきちんとやろうとすると、大学のゼミでも2時間かけて数行ということだってある。難しいということは、つまり色んな解釈が考えられるということなので、ああでもない、こうでもないと吟味しながら進めるわけである。

ただ、読み進めることだけが目的ではないので、焦らなくともよい。本によっては、1

年以上かかることもざらだ。このため、場合によっては、本全体でなく重要な箇所のみにしぼってこのような読み方をすることもある。本ではなくて、論文や書簡などを精読することもある。要は、きっちりと内容を理解するということに主眼が置かれているのである。

この場合どうしても背景知識や専門知識が前提となる。したがって、誰か導き手となる人、あるいはガイドブックのような入門書や解説書が必要だ。だから大学やカルチャーセンターでそういう機会を利用するか、無理ならガイドブックと併せて読み進めるのがよい。著名な哲学書なら、講座やガイドブックがあるはずだ。最終的には、しっかりと力をつけてから再度挑戦するということになるだろう。

読み方②小説や詩のように読む

次は、小説や詩のように読むというものだ。これは内容はわからなくても、全体を味わうことを重視する読み方だ。そもそも哲学書自体、小説であったり、詩のようにアフォリズムでつづられていることも多い。だから雰囲気を味わうという方法もあながち間違った読み方ではないのだ。要はそこから何を感じ、何を考えるかが大切だからだ。

読み方③わかるところだけ拾って通読

とはいえ、やはりしっかりと内容を理解したいと思うのが普通だろう。そうでないと満足感が得られないからだ。その場合お勧めなのが、わかるところだけ拾って読むという方法だ。

これなら自分ですらすら読み進めることができるし、内容もわかったという満足感が得られる。全部わからなくても、結構あらすじはわかるものだ。それに、また時間をおいて読み直せば、わかる部分が増えているはずだ。

何より大切なのは、満足感だ。これが自信にもつながる。哲学書を一冊読み通したという自信が次の一冊を手に取る後押しになる。

読み方④思考の訓練として読む

そして、思考の訓練として読む方法だ。つまり、哲学書は難しくて当たり前なので、あえて頭を鍛えるつもりで読むということだ。この方法がいいのは、部分的に読むだけでも意味があるという点だ。どんなに難解でも、時間をかければわかってくるものだ。その繰り返しが、哲学書を読む力になる。

実際、精読する際も同じことをしているのだが、違いは、導き手があるかどうかだ。でも、思考の訓練として読む場合は、解釈が合っているかどうかはあまり重要ではない。だから一人でもできるのだ。

もう一つこの読み方のメリットは、わからなくても不安にならなくていいという点だ。あくまで訓練のために読んでいるのだから。

読み方⑤宝の地図として位置づける

さらには、宝の地図として位置づけるというもの。Chapter 1で書いたように、哲学とは思考の探検である。その場合、哲学書は先人が残してくれた宝の地図のようなものなのだ。だからこの地図通りに進めば、先人がたどった道は歩くことができる。

そのつもりで読むと、自分の思考のお手本に見えてくる。先人の思考を追体験し、自分も同じ技を盗むのだ。自由について書かれた哲学書なら、自分も自由について考えながら、先人の気持ちになって一緒に道をたどるということだ。

もちろんわからないところはそのまま文字をなぞるだけでもいいだろう。あくまで他人の探検の過程だから、わからないことがあって当然だ。とにかく突き進むことだ。そうして、自分の探検のプラスになる何かを得ようと努めればいい。

これはいずれの読み方にも共通することだが、哲学書が他の書物と異なるのは、これが自分の思考のためのツールにすぎないという点である。思考することこそが大事で、哲学書を読むことそのものを目的にしてしまってはいけない。逆にいうと、その程度のものだから、気楽に取り組めばいいのだ。

考えるトレーニング

そしてそれと同時に考える訓練をしなければならない。ここが一番大事だといえる。考える訓練については、なんでもいいのだが、一つのことを掘り下げる練習をしなければならない。通常私たちは、受験勉強のせいでできるだけ早く答えを出すことに慣らされているので、なかなか粘れないのだ。

それとは逆で、哲学ではじっくり考え続けることが求められる。そこで私がお勧めしているのが、**1日5分間の日常の思考トレーニング**と、**1か月スパンの長期思考トレーニング**だ。5分間トレーニングは、毎日どこかで5分の隙間時間を見つけて、何か一つのことについてじっくり考えてみるということだ。

①5分トレーニング

5分は短いようで、長い。たとえば、時計とは何か考えてみるとする。普通は「時間を計る道具」という答えを出して終わりだろう。しかし、哲学はここから始まる。前に述べたように、この常識を崩すために、自分自身に変な質問をするのだ。**「ほかの使い方は？」**とか**「時間って誰が計るの？」**などというふうに。

そうして深めていくことではじめて、粘って考える能力が鍛えられていく。これは漢字ドリルや計算ドリルとまったく同じ理屈だ。漢字や計算ができるようになるには、何度も訓練をしてきたはずである。だから漢字も書けるし計算もできるのだ。

ところが、思考についてはなぜかこういうドリルをやらない。だから考えられないのだ。ただ、漢字や計算のドリルと違って、哲学の思考ドリルは、同じものを何度も繰り返していてはいけない。それより5分間をフルに使って、一つの問題を深く掘り下げていくことをしないといけないのだ。そこが違いである。

そうやって5分間頭を使うと疲れるだろう。これはそれまでそんなふうに頭を使っていなかった証拠である。だから毎日筋トレのように続けてもらいたい。

②1か月トレーニング

それと同時に、1か月のスパンで一つのことを考え続ける訓練もするとよい。というのも、5分で出した答えはそれなりのものでしかない。哲学者は一つのテーマをもっと何年も考え続けている。さすがにそこまではできなくても、せめて1か月くらい考え続けると、本当に哲学アタマが出来上がるだろう。

1か月といっても、24時間考え続けるわけではない。**最初集中的に考えたあとは、一日のうちどこかでふと考える**という程度で十分だ。それでも無意識のうちに考えているはずだ。それが急に表に出てくる。

たとえば、私だったら毎月哲学カフェのテーマを1か月間考え続けている。次回は「怒り」がテーマだとしたら、怒りとは何か考え続けるのだ。特に通勤時や休憩時間などに、ちょっと考えてみる。すると、そこで考えたことが頭に残っていて、誰か職場で怒っている人を見たときに、自分の考えと照らし合わせて深めることができる。そんな日常を送るということだ。

実はこれは思考を寝かせているのである。一気に集中して考えると、たいがいはそこで行き詰まる。ここからが勝負なのだ。これは科学者などにもいえることだが、このあと思考を寝かせることで、何かがヒントになって、一気にいい答えが出ることがあるのだ。アルキメデスがお風呂に入っているときにアイデアを思いついて、裸で外に飛び出て「ユーリカ！」と叫んだように。

頭の中の考えを言葉にする

そして哲学の場合、その考えた結果を言葉にしなければならない。頭の中にもやっと出てきたとしてもダメだ。哲学は言葉の営みである。自分の思考を言葉にすることができてはじめて完成するのだ。

自分の頭の中に生じてきたものを的確に言葉にして表現するためには、なんでも言葉で表す訓練をするのが一番だ。絵でいうとデッサンと同じである。**見たものを言葉で描写する練習**をすればいい。できるだけ忠実に。

たとえば、スマホがあるとする。これを描写するのだ。黒くて長方形の物体が寝そべっている。掌に収まるサイズの薄っぺらい物体だ。表面はつるつるで反射している。サイドにあるジャックやボタンが、いかにも精密機械が入っている雰囲気を醸し出している……などといった感じで。

忙しくてなかなかここまでできないという人は、**ブログやSNSでつぶやく際に、自分の思考を言語化することを意識してみる**だけでもいい。ニュースを見て感じたことを、言葉にしてみるのである。日頃からこれをやるとやらないのとでは、思考を言語にする能力の向上の度合いが変わってくる。

仕事で文章を書くことはあるかもしれないが、それはある意味でルーティンになっているに違いない。そうではなくて、日頃言葉にしないようなことを言葉にして表現してみるということが大事なのだ。

哲学ブックガイド&哲学映画ガイド　その①

ここでは哲学を学ぶうえで、使える本や映画を紹介したい。ボーナストラックだと思って気軽に読んでもらえばいい。

本に関しては、哲学の入門書、古典（初級、中級、上級）、映画に関しては哲学がテーマになっているものを選んでいる。いずれもたくさんあるが、今回は私がいいと思う必須のものを厳選した。

哲学の入門書

アンドレ・コント＝スポンヴィル『哲学はこんなふうに』（紀伊國屋書店、2002年）

フランスの人気哲学者によるエッセー風哲学入門。愛から政治ま

『哲学はこんなふうに』
アンドレ・コント＝スポンヴィル著 木田元他訳（紀伊國屋書店、2002年）

で、哲学の基本が学べる12章が詰め込まれている。タイトルの通り、これこそまさに哲学することのお手本だといってよい。

クリストファー・フィリップス『ソクラテス・カフェにようこそ』（光文社、2003年）

私が「哲学カフェ」を始めるうえで参考にした本。哲学カフェを主宰する著者が、自らの体験をもとに書いた最良の指南書。哲学するとはどういうことかもよくわかる。また色んなクセのある登場人物が出てきて、物語としても面白い。

ゲルハルト・エルンスト『あなたを変える七日間の哲学教室』（早川書房、2014年）

読者と哲学者が7日間にわたって哲学的対話を展開する。この対話を通して、哲学するとはどういうことか基本を学ぶことができる。その証拠に、文庫版のタイトルはずばり『哲学のきほん』とな

『ソクラテス・カフェにようこそ』
クリストファー・フィリップス著
森丘道訳
（光文社、2003年）

『あなたを変える七日間の哲学教室』
ゲルハルト・エルンスト著
岡本朋子訳
（早川書房、2014年）

っている。

鷲田清一『哲学の使い方』（岩波書店、2014年）

臨床哲学を立ち上げたパイオニアによる、哲学の使い方マニュアル。個人として哲学を使うだけでなく、社会としてどう使うかも説かれている。また、この本自体が哲学の意味について考えさせられる「哲学書」になっている。

貫成人『図説・標準　哲学史』（新書館、2008年）

哲学の歴史と主要な哲学者の考えがコンパクトにまとめられている。一人の著者が書いたもので、ここまで全体を網羅してわかりやすく書かれているものはなかなかない。時折図も入っており、視覚的に概念を理解することもできる。

『図説・標準 哲学史』
貫成人著
（新書館、2008年）

『哲学の使い方』
鷲田清一著
（岩波新書、2014年）

木田元編『哲学キーワード事典』（新書館、2004年）

哲学の基本的な用語を、辞書より少し詳しめに解説している。哲学用語を知ることができるだけでなく、哲学用語を通じて哲学の歴史や哲学思考の基礎を身につけることもできる。

ロジェ＝ポル・ドロワ『暮らしの哲学　気楽にできる101の方法』（ソニー・マガジンズ、2002年）

これは番外編といってもいいかもしれないが、日常生活の中のちょっとした工夫で、物の見方を変えることができるヒントが満載の本。読むだけでなく、つい実践したくなる。

哲学の古典

【初級】

『哲学キーワード事典』
木田元編（新書館、2004年）

『暮らしの哲学 気楽にできる101題』
ロジェ＝ポル・ドロワ著
工藤妙子訳（ソニー・マガジンズ、2002年）

プラトン『饗宴』

ソクラテスをはじめとした古代ギリシアの哲学者たちが、宴会をしながら愛について哲学するというもの。彼らの熱い対話を通して、本物の哲学者たちがいかに哲学していたのか、うかがい知ることができる。

ブレーズ・パスカル『パンセ』

パスカルは、エッセー風に哲学を表現したモラリストと呼ばれる思想家の代表的存在。人間は「考える葦《あし》」だとする有名なフレーズが出てくるのもこの本。「思考」を意味するパンセというタイトルの通り、考える素材にあふれている。

バートランド・ラッセル『幸福論』

三大幸福論の一つ。幸福になるための方法を詳細に記した哲学エッセー。もともと数学を研究していただけに、ラッセルのエッセー

『饗宴』
プラトン 著
久保勉 訳
（岩波文庫）
2008年、他

『パンセ』
上・中・下
パスカル著
塩川徹也 訳
（岩波文庫）
2015年、他

『ラッセル幸福論』
B. ラッセル著
安藤貞雄 訳
（岩波文庫）
1991年、他

は論理的で緻密。しかも彼一流のユーモアとウイットに富んでおり、最初から最後までとても楽しく読める。

【中級】

ルネ・デカルト『方法序説』

哲学の仕方を著した哲学史における記念碑的名著。徹底的に疑うことの勧めを説いている。「我思う、ゆえに我あり」のフレーズで有名な、デカルトの基本的思考が論じられている。硬いイメージだが、薄いので読む気にさせる。

ジャン＝ジャック・ルソー『社会契約論』

フランス革命のバイブルにもなったルソーの代表作。王権神授説に対抗する理論として、社会契約を唱えている。人民に共通する一般意志をもとに、直接民主制を説くユニークかつ大胆な内容。

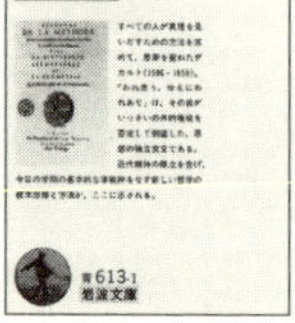

『方法序説』
デカルト著 谷川多佳子訳（岩波文庫）1997年、他

『社会契約論』
J.J. ルソー著　桑原武夫/前川貞次郎訳（岩波文庫）1954年、他

ジャン＝ポール・サルトル『実存主義とは何か』

サルトルの実存主義をわかりやすく説いた講演録。人間は無数の自由の中から常に選びつつ、自分で人生を作っていける存在であることを高らかに宣言した。講演録だけに喩えも秀逸で、読みやすい。

【上級】

フリードリヒ・ニーチェ『ツァラトゥストラはこう言った』

人気のあるニーチェの代表作。物語になっているので、上級だが割と読みやすい。ツァラトゥストラという神に似た存在を主人公にし、「神は死んだ」という有名なフレーズに象徴されるニーチェの超人思想が語られている。

『ツァラトゥストラはこう言った』
ニーチェ著 氷上英廣訳（岩波文庫）1967年、他

『実存主義とは何か』
J-P・サルトル著 伊吹武彦訳（人文書院）1996年

G・W・F・ヘーゲル『精神現象学』

近代の哲学の頂点に君臨するといわれるヘーゲルの代表作。意識が成長していく様子をビルドゥングスロマン風（主人公の人格的形成を描く成長物語）に書かれている。とても難解な内容だが、解説本も出ているので、一度は挑戦してみたい。

カンタン・メイヤスー『有限性の後で』

思弁的実在論という新しい哲学の潮流ができるきっかけになった本。現代思想の分野を理解するには、それ以前の背景知識が必要で、また難解な表現も多いのだが、ぜひ最新の哲学に触れていただきたい。

『有限性の後で』
カンタン・メイヤスー著
土屋政男他訳（人文書院）
2015年

『精神現象学』
上・下
G.W.F.ヘーゲル著 樫山欽四郎訳（平凡社ライブラリー）1997年、他

哲学がテーマの映画

本だけではない。映画もまた哲学するのには最良の題材であるといえる。映像がある分、よりインパクトがあるからだ。ここではまず、純粋に哲学を主題にした映画を紹介しておく。

『ちいさな哲学者たち』

フランスの幼稚園で行われた、幼稚園児に対する哲学教育の実践を描いたドキュメンタリー。真摯に思考する子どもたちの姿に、哲学する勇気を与えてもらえる。

『サルトルとボーヴォワール　哲学と愛』

世紀の恋人と呼ばれた二人の哲学者が、いかに愛と人生について考え、実存主義を発展させていったかが描かれている。恋愛映画としても一級品（レンタル等で視聴可能）。

『サルトルとボーヴォワール　哲学と愛』
現在版権切れ
レンタル等で視聴可能

『ちいさな哲学者たち』
発売元：ファントム・フィルム
販売元：アミューズソフト
税込み価格：3,990 円
(C)Ciel de Paris productions 2010

『ハンナ・アーレント』

ナチスの犯罪を裁く裁判を通じて、悪とは何か、思考するとはどういうことかを追求した女性現代思想家ハンナ・アーレントの姿が芸術的に描かれている。

『ウィトゲンシュタイン』

風変わりな性格を持った天才哲学者ウィトゲンシュタインの、これまた数奇な人生を独自の視点で描いた作品。哲学者という特異な人種を知るにはうってつけ。

『哲学への権利』

デリダが創設した国際哲学コレージュに関するドキュメンタリー。人々にとって哲学をする権利とは何か、はたしてそんなものがあるのか。テーマも高度なので上級者向け。

『ハンナ・アーレント』
発売・販売元：ポニーキャニオン 価格:DVD ¥4,700（本体）＋税 Blu-ray ¥4,700（本体）＋税
(C)2012 Heimatfilm GmbH+Co KG, Amour Fou Luxembourg sarl,MACT Productions SA,Metro Communications ltd.

『ウィトゲンシュタイン』
アップリンク
DVD ¥3024

『ジル・ドゥルーズの「アベセデール」』

ドゥルーズが晩年、アルファベット順にAからZで始まるキーワードを選んで、それを哲学していったインタビューのドキュメンタリー。難解な文章とは一味違う声の哲学を楽しんでもらいたい。

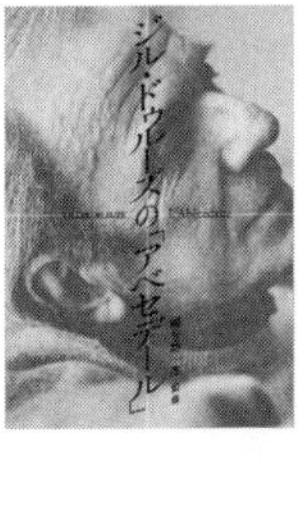

『ジル・ドゥルーズの「アベセデール」』
ジル・ドゥルーズ著 國分功一郎監修（KADOKAWA角川学芸出版）2015年
ブックレット+DVD ¥8700（本体）+税

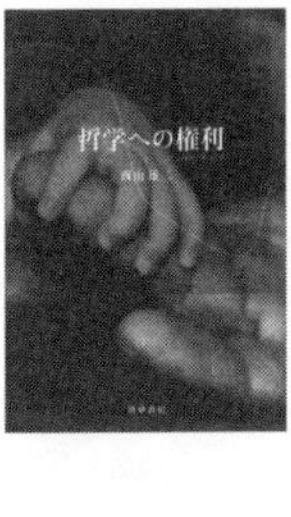

『哲学への権利』
西山雄二著（勁草書房）2011年 本+DVD¥3200（本体）+税

日常の暮らしの中で「哲学する」

ここまで哲学の仕方について話をしてきたが、もちろんそれはビジネスや勉強にのみ役立つわけではない。人生のあらゆる場面、毎日の生活の中で役立つのが哲学だ。そもそも、私たちはあえて「哲学する」ことを意識しなくても、哲学していることも多い。

本の最後に、哲学することをより身近に感じてもらえる、哲学の使い方について、紹介しておく。

シミュレーションとしての哲学

物事について色んなシナリオを考えるとき、私たちは頭の中でシミュレーションを行う。あのシミュレーションは、思考実験と呼ばれるものだ。

たとえば、列車のブレーキがきかなくなったとき、自分が運転手なら目の前の5人の作業員を轢《ひ》くか、避けて通行人1人を轢くかというようなシミュレーションだ。

こうした思考実験をしておくと、日常生活でも仕事でも、判断力や対応力に差が出てくる。生きていると色んな問題に直面する。特に判断が難しい問題の場合には、即座に答えを出すことはできない。

ところが、中には急に答えを求められることだってあるのだ。そのとき似たような問題について考えたことがあるのとそうでないのとでは、大きな違いが生じてくるだろう。

思考実験は、一見ありえなさそうな設定が多いので、役に立たないと思われがちだが、決してそんなことはない。あえて極端な設定をしているのは、問題点や価値の対立点を明らかにするためである。したがって、こういう設定でシミュレーションしておくほうが、かえって役に立つのである。本質的な部分がわかっていれば、どんな具体的な場面にも応用できるからだ。

先ほどの5人を轢くか1人を轢くかというのも、数が多いほうがいいのか、命を奪う行為が問題なのかという本質さえわかっていれば、どんなケースにも応用できる。たとえば、車の自動運転の設計や、人命にかかわるような企業の不祥事を考える際など。周囲と対話してみるのもお勧めだ。

人生相談、悩み相談としての哲学

そして、哲学はもちろん人生相談などにも使える。私もよく悩み相談の本を書いたり、テレビで哲学を使った悩み相談の番組をやっている。いや、そもそも自由とは何か、愛とは何かという哲学の古典的な問いは、人生に関する問いだったのだ。

中でも手軽なのが、名言や格言をきっかけにすることだ。家族や友人など、誰かの悩みを名言を手がかりに考えてみるというのはどうだろうか。

たとえば、誰かが新しいことをする際、不安にさいなまれているとしよう。そんなときサルトルの次の言葉を投げかけるのだ。

「不安はわれわれを行動からへだてるカーテンではなく、行動そのものの一部なのである」

(『実存主義とは何か』)

つまり、誰だって新しいことをするときは不安になるが、それはすでに行動の一部であって、恐れるべきものでも、自分の前に立ちはだかるものでもないということだ。だから安心して前に進めばよいとアドバイスすればいいのである。

あるいは、これはテレビでも扱ったのだが、周囲に恋愛したいのにできないという人がいたら、フロムのこんな言葉を投げかけてみてはどうだろうか。

「愛は能動的な活動であり、受動的な感情ではない。そのなかに『落ちる』ものではなく、『みずから踏み込む』ものである」（『愛するということ』）

つまり、よく恋に落ちるというが、それは間違いで、本当は自分から踏み込んでいかない限り、恋愛などできないということである。私たちは案外、そのことに気づいていないのだ。

こんなふうに哲学の名言は、私たちの気づいていないことを気づかせてくれることで、悩みを解決する力も秘めている。もちろん言葉を見ただけ、聞いただけですぐに解決することはないだろうが、それをきっかけに少し考えることで、答えが見えてくるということもあるはずだ。

人の悩みばかりでなく、自分の悩みを解決するのでもかまわない。哲学の父ソクラテスは、哲学の目的は善く生きることだといっていた。哲学することで悩みを解決し、常に正しい選択をすることができれば、人生は必然的にいいものになるのだ。

本や映画をきっかけに哲学する

また、先ほど紹介した哲学ジャンルに限らず、哲学するのに役立つ本はたくさんある。たとえば小説などのフィクションもそうだろう。絵本でさえ哲学するきっかけになる。映画もそうだ。

要は考えるための材料なのだ。哲学はなんでも対象にできるので、その意味ではどんな本も哲学するための材料になりうる。その中でも特に読みやすくてかつ考えさせられるものを次項でいくつか紹介しておきたいと思う。

哲学ブックガイド＆哲学映画ガイド　その②

思わず哲学したくなる本

村上春樹『1Q84』（新潮文庫、2012年）

村上春樹の小説は、不思議な要素が多く、それだけに哲学する題材には事欠かない。その中でも『1Q84』には特に哲学的な問いが多くちりばめられている。

カズオ・イシグロ『忘れられた巨人』（早川書房、2015年）

ノーベル文学賞を受賞した日系イギリス人作家の最新作。記憶をめぐるこの不思議な物語は、哲学的示唆に富んでいる。

『1Q84』
BOOK1-6
村上春樹著
（新潮文庫）
2012年

『忘れられた巨人』
カズオ・イシグロ著 土屋政男訳（早川ep文庫）
2015年

フィリップ・K・ディック『アンドロイドは電気羊の夢を見るか？』（ハヤカワ文庫ＳＦ、２００８年）

映画「ブレード・ランナー」の原作にもなったＳＦの名作。人間そっくりなアンドロイドが現実になった近未来。はたしてアンドロイドは人間と共存していけるのか。今や現代的問題として考えさせられる作品。

ミラン・クンデラ『存在の耐えられない軽さ』（集英社文庫、１９９８年）

冷戦のさなか、チェコスロヴァキアが一瞬の自由を謳歌した「プラハの春」。その直後に始まった旧ソ連の侵攻を背景に、人生や人間存在の重さと軽さが問われていく。

ヨシタケシンスケ『りんごかもしれない』（ブロンズ新社、２０１３年）

数々の賞を受賞した哲学的絵本。ある日ふとテーブルの上に置か

『アンドロイドは電気羊の夢を見るか?』フィリップ・K・ディック著 浅倉久志 訳（ハヤカワ文庫ＳＦ）2008年

『存在の耐えられない軽さ』ミラン・クンデラ著 千野栄一訳（集英社文庫）1998年

『りんごかもしれない』ヨシタケシュンスケ著（ブロンズ新社）2013年

れたリンゴが気になった主人公の少年が、リンゴをめぐって縦横無尽の思索を展開する。

吉野源三郎『君たちはどう生きるか』新装版（マガジンハウス、2017年）

もともとは1937年に発表された少年のための倫理の本だが、2017年に漫画化されて話題になった。普遍的な内容を含んでおり、大人も深く考えさせられる。

思わず哲学したくなる映画

『マトリックス』

SFの古典になりつつある名作。今生きている世界が、実はコンピュータによって作り出された仮想の世界にすぎないとしたらどうするか。哲学の議論にもよく出てくるので必見。

『マトリックス』
ブルーレイ ¥2,381＋税／DVD 特別版 ¥1,429＋税／ワーナー・ブラザース ホームエンターテイメント

『君たちはどう生きるか』新装版
吉野源三郎著（マガジンハウス）2017年

『GHOST IN THE SHELL／攻殻機動隊』

攻殻機動隊シリーズの最初の作品。機械によって義体化していく身体をめぐり、人間とロボットの境界について考えさせられる。

『おみおくりの作法』

孤独に亡くなった人の遺品整理をし、近親者を探すのが仕事の主人公。彼の仕事を通じて、死とは何か深く考えさせられる。決して有名な作品ではないがお勧め。

『ベンジャミン・バトン　数奇な人生』

生まれたときは老人のようだったが、時間がたつにつれ若返っていく男の数奇な人生を描いた作品。時間や人生について考えさせられる。

『おみおくりの作法』
発売・販売元：ポニーキャニオン 価格:DVD ¥3,800（本体）＋税、Blu-ray ¥4,700（本体）＋税

『GHOST IN THE SHELL／攻殻機動隊』
発売・販売元：バンダイナムコアーツ 価格：BD ¥4,800（本体）＋税

『A.I.』

20年弱前の作品ながら、AI（人工知能）の問題を先取りしたようなスピルバーグの名作。来《きた》るべき未来とAIについて考えるには最適の現代の「古典」。

なお、ここでは紹介しなかったが、個人的には宮崎駿監督のジブリ映画はいずれも哲学的作品だと思う。実は私は『ジブリアニメで哲学する』（PHP文庫）という本も出している。これは文字通りジブリ映画を観て、そこに出てくるテーマや言葉について哲学したものだ。もともとはアメリカの大学で講義をするために考えたコンセプトだったのだが、好評だったので本にすることにした。

つまり、映画を観て哲学をするというのは、本とは違ってより感性を生かすことになる。面白いことに、その部分が思考の結果にも表れてくるのだ。試しに、映画を観たあと、誰かと感想を言い合ってみるといいだろう。きっと普段の自分の言葉とは違う、感性豊か

『A.I.』
ブルーレイ ¥2,381＋税／DVD ¥1,429＋税
ワーナー・ブラザース ホームエンターテイメント

『ベンジャミン・バトン 数奇な人生』
ブルーレイ ¥2,381＋税／DVD ¥1,429＋税
ワーナー・ブラザース ホームエンターテイメント

な表現が口をついて出てくるに違いない。映画にはそんな感性に訴えかける潜在力が秘められているのだ。映画を観て哲学する。ぜひそんな楽しくて知的な時間を過ごしてみてはどうだろうか。

教養は一朝一夕にはならず

本文には書かなかったが、2022年から「公共」という科目が高校教育に導入されることが決まっている。これは全員必修で、名前の通り公共社会における担い手を育てるための科目である。18歳選挙権に対応するための、主権者教育だと思われるかもしれないが、意外にも哲学を重視している。

歴史上の哲学者の考えをもとに、自分たちで思考する訓練などをやるようである。まだ具体的なやり方はこれから決まっていくわけであるが、少なくとも日本国民が皆哲学の素養を身につける可能性は高まったといっていいだろう。

本文でも紹介したように、大学受験の必須科目に哲学の論文が位置づけられているフランスにはまだまだ及ばないが、これは大きな変化である。ということはつまり、近い将来新社会人は皆哲学の素養をある程度身につけていることになる。

これは今すでに社会で働く私たちにとって脅威だといえるのではないだろうか。若い社員は皆哲学を使って思考することができるのに、自分はできないというのではやはり差がついてしまう。これまでのように欧米のエリートたちが相手なら、そこは負けても仕方ないと割り切れたかもしれないが、若手社員に対してはそういうわけにはいかないだろう。

だからいち早く自衛しておく必要があるのだ。これは英語やプログラミングとまったく同じ理屈だ。社会のニーズが変われば教育は変わる。そしてすでに教育を終え、社会に出ている人間は常に自分で自分を磨いて時代についていくよりほかないのだ。

しかし恐れることは何もない。まず先ほどの高校生に対する哲学教育もまだ始まっていない。何より皆さんにはこの本がある。もしこのあとがきを見てから本文を読もうと思っている人がいたら、ぜひじっくりと取り組んでもらいたい。そしてもう読み終えたという方は、再度読み直してもらいたい。教養は一朝一夕にはなるものではないからだ。ビジネス書は速く読んで手放すのが作法のようになっているが、この本だけは座右の書にしていただけると、著者としてこんなにうれしいことはない。

さて、本書を世に出すにあたっては、大変多くの方々にお世話になりました。この場をお借りしてお礼を申し上げます。最後に、本書をお読みいただいたすべての方に感謝を申し上げます。本当にありがとうございました。

2018年5月

小川仁志

小川仁志（Ogawa Hitoshi）

哲学者。山口大学国際総合科学部准教授。専門は公共哲学。
1970年、京都府生まれ。京都大学法学部卒、名古屋市立大学大学院博士後期課程修了。博士（人間文化）。商社マン（伊藤忠商事）、公務員、フリーターを経た異色の経歴。徳山工業高等専門学校准教授、米プリンストン大学客員研究員等を経て現職。

大学で新しいグローバル教育を牽引する傍ら、商店街で「哲学カフェ」を主宰するなど、市民のための哲学を実践している。また、テレビをはじめ各種メディアにて哲学の普及にも努めている。NHK・Eテレ「世界の哲学者に人生相談」に指南役として出演。

主な著書に『7日間で突然頭がよくなる本』（PHP研究所）、『突然頭が鋭くなる42の思考実験（SBクリエイティブ）』、『世界の哲学者の言葉から学ぼう』（教育評論社）、『アメリカを動かす思想』（講談社現代新書）、『ラッセル「幸福論」（100分de名著）』（NHK出版）、『たった5つの思考法で頭がみるみる回り出す！』（小社）他多数。

ビジネスエリートのための！リベラルアーツ 哲学

2018年6月20日　第1刷発行

著　者――――小川 仁志
カバーデザイン――西垂水 敦（krran）
本文デザイン――荒井 雅美（トモエキコウ）
イラスト――――sui
発行者――――徳留 慶太郎
発行所――――株式会社すばる舎
東京都豊島区東池袋3-9-7 東池袋織本ビル　〒170-0013
TEL 03-3981-8651（代表）　03-3981-0767（営業部）
振替 00140-7-116563
http://www.subarusya.jp/
印　刷――――シナノパブリッシング

ISBN978-4-7991-0708-9